Conveniência ou Inovação
Ser mais conveniente ou ser mais inovador?
Eis a questão

Dedicatória

Eu dedico essa obra literária â minha mulher, Larissa, que sempre esteve comigo, sempre me dando apoio, orientação e suporte nos momentos cruciais de minha vida. Sem ela, realmente, esse livro ainda estaria no meu computador.

Ao meu melhor amigo Fernando, que esteve comigo nesses longos anos de amizade e na trajetória da criação desse livro. Foram alguns fins de semana fabricando nossa própria cerveja e conversando sobre os temas desse livro. Esses diálogos engrandeceram o conteúdo aqui impresso.

Aos meus pais, Edison e Arlene, e aos meus irmãos, Thiago e Duda. Eu devo a vida e a educação exemplar que meus pais me deram no decorrer da vida. E aos meus irmãos, eu agradeço pelo exemplo de amor, carinho e companheirismo que têm comigo.

Muito obrigado a todos vocês.

Eu os amo.

Rodrigo

Prefácio

Esse livro é para todas as pessoas que já possuem um negócio ou que estão estudando montar o primeiro empreendimento.

É para um empresário que busca insanamente um pouco mais de conhecimento para alavancar o faturamento da empresa ou até mesmo procura ideias para evitar a falência. O foco é demonstrar algumas técnicas e alternativas que podem ser feitas na companhia para que se torne mais competitiva e busque uma nova fatia de mercado, no cenário de enfrentamento, diante das políticas de nosso país.

Também servirá para aquele profissional que hoje é funcionário de alguma empresa, seja pequena ou grande, e fica se perguntando o porquê de estar ali, fazendo riqueza para outra pessoa.

Essa linha de leitores terá a imagem de como é ser um homem de negócios, é demonstrar que a vida de um empresário de sucesso não é trabalhar 8h por dia, bater cartão e ir embora. Aqui será demonstrado o que se precisa aprender e também algumas ideias de como o leitor deve se preparar, se quiser assumir essa nova carreira.

E ainda sim, esse livro serve para pessoas que são estudantes, que querem entender se realmente devem seguir uma carreira profissional ou se desejam seguir uma nova carreira, como empresários.

É um livro com as abordagens dinâmicas de como fazer o primeiro empreendimento. Que não é explicado em nenhuma faculdade de *marketing* e/ou de gestão. Elevo ainda, que esse material dificilmente é abordado numa faculdade, nem irá ter tamanha abordagem tão didática como aqui apresentado, porque são apresentadas situações reais.

Aqui é para entender o cerne da questão de como deveria ser uma empresa conveniente, ou o que ela precisa de inovação para sobreviver nesse novo mundo tecnológico.

E, além do mais, cada uma das técnicas, ideias e sugestões aqui citadas, serão demonstradas ao leitor na forma de exemplos de outras empresas de sucesso e/ou usando experiências próprias do autor, para exemplificar as técnicas aqui aplicadas.

Como o livro trata também de inovação, é óbvio que teremos vários exemplos de empresas SAAS (*Software as a Service*). Empresas com *softwares* que o cliente paga para ter acesso ao serviço ou ferramenta. Exemplos: *Amazon*, *Spotify*, *Netflix* e etc...

Também terá exemplos claros do comércio local, daquele comércio físico que fez algum tipo de inovação que poderia usar para o próprio empreendimento ou para a futura empresa.

O livro se passará em momentos na primeira pessoa, quero deixar a impressão que estou do seu lado, conversando com você a todo instante. Estamos juntos nessa. A missão é conseguir passar essa mensagem da forma mais correta possível.

Vale lembrar da frase incrível do saudoso Albert Einstein:

"Não há nada que seja maior evidência de insanidade do que fazer a mesma

coisa dia após dia e esperar resultados diferentes".

Sendo assim, é descrito que se o leitor chegou até aqui, comprando esse livro, demonstra uma grande ação de sua parte, que deseja fazer algo diferente, que deseja um resultado diferente.

Na sequência, é preciso ler todo esse material. E, principalmente, entender o que se espera da pessoa para os próximos anos ou décadas.

O primeiro ponto que esse livro deseja criar é um alto grau de insatisfação, de inquietação no leitor. É fazer com que o leitor sinta um certo desconforto, e assim, saia da cadeira, literalmente tire a bunda da cadeira e faça algo.

O segundo ponto desse livro é dar exemplos de atitudes, de ações que as empresas fizeram e que tomaram a frente em buscar algo novo para o cliente. Algo que realmente atenda a real necessidade do consumidor final.

O terceiro ponto que esse livro pretende alcançar é colocar em pauta duas palavras fantásticas para esse novo milênio.

Uma delas é a palavra conveniência. Nesse caso, será abordado por várias vezes o que é ser conveniente. Como a empresa ou leitor pode ser mais conveniente ao cliente. Será entendido o que essa pequena palavra pode fazer de diferença em um negócio de sucesso ou em um negócio que estará fadado a virar estatística nos índices do SEBRAE nos próximos anos.

A outra palavra é inovação, que vem em forte crescente nas últimas décadas, com inúmeras empresas e ferramentas criadas diariamente no ramo de tecnologia. Algumas se tornam até sinônimo de produtos.

É só lembrar da tecnologia criada chamada *Uber*. Hoje é comum chamarmos um *Uber* e não um táxi. Serão demonstradas inúmeras tecnologias que auxiliam as empresas a se tornarem mais competitivas. Ou, em alguns casos, a se tornarem obsoletas.

Ao final, deixo meu carinho imenso pelo leitor, que despendeu uma quantia em dinheiro para comprar esse livro, confiando que irá aprender algo novo ou relembrar conceitos esquecidos. E agora irá despender mais algumas horas para ler e entender o conteúdo desse livro.

Ao final, haverá duas atividades primordiais, para isso dar certo. Primeiro, é fazer uma autorreflexão do que é preciso fazer de diferente para mudar o rumo da vida do profissional ou da vida do empreendimento.

E depois, por segundo, é pôr as mãos à obra... à execução.

É preciso tirar a bunda da cadeira, tomar a frente e tirar as ideias e conceitos deste livro. Retirar do papel e colocar à prova. Como diz o ditado popular, "não existe almoço grátis". Para se ter algo grande é necessário fazer algo agora. É se entregar agora para conseguir colher algo melhor no futuro.

Fazer algo agora definirá se terá sucesso ou se será mais um na fila da Caixa Econômica para receber um contracheque de salário mínimo de aposentadoria do governo.

Uma boa leitura.

Rodrigo

Sumário

1 – Conveniência e inovação.   13
2 – Mercado digital x mercado físico.   33
3 – A Jornada do consumidor.   77
    3.1 – Consciência.   78
    3.2 – Conhecimento.   86
    3.3 – Experiência de compra.   91
    3.4 – Experiência de entrega.   93
4 – Minha jornada como cliente.   100
5 – Pilares de um bom negócio.   147
    5.1 – Personalização.   148
    5.2 – Experiência da compra.   159
    5.3 – Experiência de entrega.   163
    5.4 – Conectividade.   167
    5.5 – Autosserviço.   169
    5.6 – Recorrência.   175
    5.7 – Seleção de conteúdo.   178
    5.8 – Efeito surpresa.   184
    5.9 – Desenvolver a equipe.   189
    5.10 – Se errar, resolva rápido.   198
6 – *Insights* e ferramentas que podem ajudar.   206
    6.1 – Seja a cobaia.   206

6.2 – *Canvas*.	208
6.3 – Funil de vendas.	213
6.4 – CRM.	217
6.5 – Pareto.	223
6.6 – Técnica SMART.	226
6.7 – Validação.	232
6.8 – MVP.	238
7 – Por fim.	**242**

1 – Conveniência e inovação.

No início da criação desse livro, eu já tinha em mente sobre o que falar. Queria usar uma certa brincadeira entre duas palavras comumente usadas e que poucas pessoas param para analisar mais a fundo, sobre o conceito dessas palavras para o meio empresarial.

Todos falam sobre inovação, que precisam fazer uma inovação tecnológica da empresa, fazer uma inovação nos produtos, fazer inovação no *design*.

E, de outro lado, as empresas usam a conveniência, que precisam ser mais convenientes aos clientes, que precisam atender as necessidades dos consumidores. E por aí vai.

E o que mais observo, é que são discursos muito bonitos, com palavras elegantes, alguns com termos em inglês e que querem dizer a mesma coisa do que era dito há 50 anos. E a prática?

A prática nem sempre condiz ao discurso. É quase como uma politicagem empresarial, onde um CEO fala, fala, fala, mas não vivencia o problema. Às vezes nem ele acredita nas palavras proferidas. E por isso que chamo de politicagem empresarial.

Esse é um novo termo que acabo de inventar.

É onde as pessoas veem o problema, criam soluções, às vezes mirabolantes, mas não põem em prática. É a mania de terceirizar o problema. E deixam de resolver.

Criam um discurso fantástico e não colocam em prática. E, nesse caso, essas duas palavras vão se tornar o título dessa obra: "Conveniência ou

Inovação? Ser mais conveniente ou ser mais inovador, eis a questão".

A verdade é que o efeito dessa pergunta causa ao leitor literalmente uma dobra, uma verdadeira intersecção. Se deve seguir o caminho de conveniência? Ou se deve seguir o caminho da inovação?

Conforme mencionado no prefácio, a ideia geral desse livro é fugir de literaturas complexas, termos estrangeiros e textos maçantes que, dependendo da área, se tornam até chatos, por assim dizer.

E tem ideia de aonde eu fui procurar conteúdo para o início dessa aventura? No dicionário. Talvez o livro mais chato de todo o mundo, mas com um conhecimento tão abrangente perante a própria chatice.

Não se preocupe, será tão breve que nem perceberá que as próximas 50 páginas são oriundas do dicionário. Brincadeiras à parte, não será preciso nem 10% de tantas páginas assim.

A palavra conveniência, na primeira definição no dicionário é:

"A qualidade de ser conveniente".

O que até esse ponto temos de concordar, mas não define corretamente o que é conveniência. Na segunda definição está:

"Aquilo que atende ao gosto, às necessidades, ao bem estar de um indivíduo".

Excelente essa definição. É exatamente o que precisamos para dar continuidade. E ainda traduziria para o seguinte: "É ter o produto certo, na quantidade certa, no preço certo, na hora certa".

Se prepare, irá ler muito essa frase durante esse livro, isso terá de entrar na cabeça como um mantra. Preciso que, ao final do livro, isso esteja gravado na mente do leitor de uma forma automática.

Se eu conseguir isso, tenho a certeza que consegui moldar a mente para um novo estágio. O estágio da inquietação.

No final do livro vai ter a primeira das atividades. A autorreflexão. Sem isso, jamais será possível mudar a configuração da mente.

Talvez esteja voltando até as linhas anteriores para salvar o mantra na mente.

"Ter o produto certo, na quantidade certa, no preço certo e na hora certa". E ainda pode se perguntar,

"..., Mas, então isso pode ser parcialmente classificado como sorte?".

Não.

Isso é preparo, a empresa pode ser preparada para atender realmente a necessidade do consumidor. Mas antes, é necessário entender o que é o produto certo para o cliente, qual é a quantia certa que o cliente precisa, qual é o preço que o cliente está disposto a pagar pela solução e em que momento ele precisa da solução.

Difícil pensar assim sem um exemplo, não é? Como prometido no prefácio, tudo que será citado aqui terá um exemplo, seja ele para ilustrar como o conceito funciona, ou para mostrar como ele não funciona.

Veja exemplo de como uma empresa que não posso citar o nome, por questão de *merchandising*...

> *Merchandising: é o ato de citar uma definida marca sem citar realmente o nome dessa empresa. Sem ter o caráter de anúncio dessa empresa na forma de promovê-la.*

Essa empresa é uma plataforma de *streaming* de música. Vamos testar se essa companhia é conveniente.

Ela entrega o produto certo, que é a música de alta qualidade. Ela entrega na quantidade certa, ela entrega exatamente a música que o cliente quer na quantidade que ele quiser ouvir. Se ele quiser ouvir mais de uma vez, também pode, sem problemas.

Ela entrega a um preço justo. Por menos de 30 reais mensais. Então o cliente tem uma infinidade de músicas de alta qualidade, na quantidade que ele deseja ouvir e ainda por um preço que está disposto a pagar.

E para atender todos os requisitos, na hora certa, ou seja, quando ele quiser, o produto está disponível.

Então, nesse caso, essa empresa que não podemos citar o nome, atendeu com o produto certo, na quantidade certa, a um preço que cliente está disposto a pagar e na hora que ele bem entender. Fantástico, não é?

Até esse ponto ficou ilustrado o que é conveniência. E não levamos sequer três páginas.

Agora precisamos chegar à segunda palavra, que é: inovação. Seguindo a mesma sequência, conforme nosso ilustre dicionário da língua portuguesa, que podemos chamar carinhosamente de Aurélio.

Inovação pode ser:

"Ação ou efeito de inovar".

Nada esclarecedor com essa definição. Então vamos continuar procurando. Depois, temos por inovação, por extensão,

"Aquilo que é novo, coisa nova, novidade".

Realmente inovação tende a ser algo novo, uma novidade. Mesmo assim, eu ainda estou completamente insatisfeito com essa resposta.

E, por trânsito direto, inovação é:

"Tornar novo, renovar, restaurar".

Sim, é uma verdade incontestável. Renovar alguma coisa, também é uma inovação. E, por último, por transitivo direto e intransitivo. Aos professores da nossa língua materna portuguesa, que leem esse livro me perdoem, mas já começou a ficar confuso demais.

Em resumo, pelo verbo transitivo direto e intransitivo, inovação é:

> *"Introduzir uma novidade em; fazer algo como não era feito antes".*

Bingo!!!

> *"Fazer algo como não era feito antes".*

Aqui me soa melhor o que é inovação, inovar pode ir além de criar algo novo, pode ser quando algo é feito de forma diferente. Isso também é ser inovador. As empresas podem ser inovadoras sem mudar de produto ou de ramo

Ao exemplo de uma agropecuária litorânea local que viu que os negócios estavam indo de mal a pior e de repente muda o negócio para ser uma nova sorveteria ou um verdureiro da cidade. Pode ser uma saída, mas certamente será difícil, pois a empresa está mudando totalmente a expertise que ela dominava.

Ou um supermercado, que agora procura fazer os próprios produtos de limpeza. A essência de um supermercado é revender os mais diversos produtos e não produzir. Pode ser uma saída, mas muito perigosa. As empresas que perdem o foco, tendem a fracassar. Cedo ou tarde.

Logo, não se tem a necessidade de desfocar do cerne que é a empresa. Para melhor traduzir tudo isso, vamos a mais um exemplo, agora voltado para inovação.

Por exemplo, a empresa de transporte de pessoas que não posso dizer o nome, mas o cliente pode chamar através de um aplicativo.

O que tínhamos antes?

Era um profissional, que tinha de comprar um ponto físico, depois uma placa que custava um caminhão de dinheiro. E ele precisava ficar estático num local aguardando a chamada do cliente.

Esse modelo de negócio era ruim, que na maioria prestava um serviço comum, sem nenhum atrativo e com custos elevados. Porque afinal custou muito caro o ponto, a tal placa e etc.

E a experiência era muito baixa, falo da experiência de uso desse serviço. E não é, o fato de o motorista ter 20 anos de carteira, falo da experiência do serviço prestado.

E aposto que o leitor, já teve alguma experiência ruim nas corridas de táxi... não é verdade? ... Um carro sujo, um profissional fedendo, ou até sem cinto... Quando me conhecer pessoalmente me pergunte dessa história do táxi sem cinto.

A empresa que está sendo citada fez o seguinte: fez uma reflexão do problema e resolveu o real problema do consumidor. Da maneira mais simples possível.

Vamos analisar as duas metodologias de negócio das duas ideias, friamente. O taxista tradicional e o motorista de aplicativo.

O taxista era o produto certo para a época?

Sim, pois era o único modelo de transporte emergencial de pessoas, salvo se precisassem de uma ambulância.

Podia solicitar na quantidade que queria?

Não necessariamente, dependendo do ponto de táxi, poderia ter algum veículo adicional ou não. Mas era incerto.

Era um preço justo?

Obviamente que não, caso contrário as pessoas andariam mais de táxi do que de ônibus.

Era na hora que queria?

Se tivesse sorte sim, se ligasse naquele instante e tivesse um veículo disposto para atender naquela praça do taxista, era possível. Caso contrário, teria de achar outro ponto de taxistas.

Sem falarmos da experiência de compra. Um veículo ruim, perceptivelmente com problemas de manutenção, profissionais despreparados e às vezes até rudes com os clientes.

Muitos taxistas demoraram em ter uma máquina de cartão de crédito nos veículos. Olha a falta de cuidado com a experiência de compra. E mesmo assim, essas empresas nadaram de braçada no século anterior.

O que essa empresa fez de inovação, foi resolver as quatro lacunas da conveniência. Ela dividiu a informação com o cliente. O cliente pode escolher tipo de carro, ele pode solicitar a quantidade que quiser, ele ainda terá demonstrado o valor imediato da corrida, que é muito mais econômica que qualquer corrida de táxi.

E, no final, o cliente ainda pode chamar a hora que ele bem entender. Com poucos cliques, o motorista estará indo ao encontro do consumidor. E ainda poderá monitorar o motorista de forma *online*.

Faremos a mesma análise que fizemos no caso dos taxistas.

É o produto certo?

Sim, atende a necessidade de deslocamento.

Pode solicitar na quantidade que quiser?

Sim, pode solicitar mais de um veículo e de tamanhos diferentes. Pode até enviar para buscar outra pessoa.

É um preço que está disposto a pagar?

Sim, em muitas vezes chega a ser 3 vezes mais barato que um taxista convencional.

Pode ser pedido na hora que quiser?

Sim, é *online* e, dependendo da aderência da cidade, terá 24h por dia e 7 dias por semana.

É produto certo, na quantidade certa, num preço justo e na hora que é preciso.

Veja que, além de atender os requisitos de conveniência expostos nesse livro, essa empresa ainda abre um leque de detalhes.

O cliente seleciona o tipo de carro. Caso ele queira pagar um valor a menor, pode ser dividido, ele pode escolher essa opção. Se precisar de um porta-malas grande, também pode escolher, pode selecionar um veículo *sedan*.

Mas ainda assim, não está satisfeito? Deseja um pouco mais de luxo? Tem a opção de mais conforto e luxo, também pode escolher essa opção.

E a quantidade? Pode pedir a quantidade que achar melhor, um carro, dois carros, quantos achar necessário. E ainda pode mandar buscar outra pessoa.

E vai usar com um preço que está disposto a pagar, pode ser mais econômico ou pode ser mais luxuoso. O cliente escolhe. E certamente é mais rápido para fazer o pedido, bastam três cliques, sem precisar ligar para alguém ou ficar na torcida para alguém atender a ligação.

E na hora que precisar. Basta acessar a plataforma e chamar a solução. Não existe um ponto de táxi específico para fazer o pedido ou uma central de telefonia que tenta localizar veículo mais próximo para conseguir o pedido. Sensacional, certo?

Em resumo, tem o produto que deseja, na quantidade que deseja, no valor que está disposto a pagar e na hora que deseja. E pensar que essa empresa tem um pouco mais de uma década e já é tão comum, que não se chama mais um táxi, ou um motorista, se chama um *UBER*.

Até aí, o leitor está comigo, certo?

Havia informado que seriam necessárias 50 páginas para resumirmos o conceito de conveniência e conceito de inovação. Em menos de 8 páginas já foi conseguido entender os conceitos dessas palavras.

Entendemos um pouco de conveniência. E um pouco de inovação. Interessante, não é? Aí, vem a pergunta:

"..., mas Rodrigo, eu tenho um açougue, ou, eu tenho uma confeitaria, ou uma academia, uma loja de roupas. Como vou ser conveniente ou inovador nesse cenário, para sobreviver nessa nova era?".

Bem, não sei a resposta para tudo. Quero criar provocações para que o leitor, dono do negócio, ou o futuro empreendedor entenda melhor, como é que o mundo está mudando. E também a rapidez dessas mudanças de cenários. Entender o que pode ou não influenciar no negócio.

Aqui serão demonstradas algumas ideias e soluções que já foram aplicadas em negócios físicos e que deram muito certo e outras ideias que não deram muito certo.

Lembre-se, esse livro dará os caminhos, mas quem deve decidir qual caminho tomar e qual ferramenta usar será exclusivamente o empreendedor.

Será preciso fazer as duas atividades com maestria. Lembra?

Autorreflexão e execução.

Geralmente quando inicio a palestra com essa minha abordagem mais tecnológica, usando os exemplos de empresas com mega sucesso dos tempos atuais, acabo gerando três sensações nas pessoas.

Eu chamo essas reações de 3D.

Essas três reações são:

Desesperado:

A pessoa fica desesperada, imaginando que o negócio irá morrer nos próximos dois anos e entra em pânico.

Algumas pessoas buscam alternativas de vender o empreendimento, porque acham que irão morrer no próximo ano, com tanta revolução tecnológica acontecendo no mundo.

E, com a venda, compram uma chácara para fazer um hotel ou uma casa de praia, para fazer de pousada e fugir dessa loucura de inovação e negócios que vem acontecendo.

O desesperado esquece que, até mesmo uma pousada, precisará de certos meios tecnológicos para sobreviver... como o velho ditado nos informa,

"Quem não é visto não é lembrado".

Essa pessoa precisará estar nas mídias sociais e plataformas digitais para ser conhecida e receber a atenção dos hóspedes. Não é hora de desespero... é hora de entender o que realmente é preciso fazer para mudar. E tomar a frente e LTBC, Literalmente Tirar a Bunda da Cadeira.

Desinteressado:

É a pessoa que não dá a mínima para o que está acontecendo.

Ela mata no peito e diz:

"Meu negócio está de pé há 10, 20 ou 30 anos e nada vai acontecer". Isso é só o conto da carochinha.

"Isso é só uma fase, logo passa. O filme De Volta para o Futuro falou que íamos ter carros voadores no mundo, em 2020. E veja, mal temos um carro elétrico. Agora que começaram a fabricar alguns carros. Até ter infraestrutura para isso... E ainda mais no Brasil?".

"Não dou a mínima para o que esse louco está falando".

Vou só abrir um parêntese aqui.

Essa mesma empresinha de menos de 20 anos, que citei, de carros elétricos, essa mesma empresa que está pensando, chamada TESLA, vale mais que a Chevrolet e a Ford juntas. Mais que o dobro das duas juntas.

E enquanto escrevia esse livro essa mesma empresa está buscando fazer a primeira viagem comercial ao espaço.

Essa pessoa desinteressada deixa com que a vida do negócio seja trilhada da maneira que vier, apenas "seguindo a onda". Isso também não é bom.

Desapegado:

É o cara antenado. O *early adopter*...

Early adopter: Termo usado para pessoa que gosta de inovação e, sem mesmo antes ter uma prova concreta de que o produto pode ser bom, vai logo à frente para testar a inovação.

...Gosta de tecnologia e investe em tudo um pouco. Falaram que era para ter *site*, ele fez *site*. Falaram que era para ter conta no *Instagram* e ele fez a conta no *Instagram* para vender os produtos.

Falaram que era para ter um ambiente mais *"cool"* na empresa, ele encheu de *puff* colorido e deu frutas e massagem para a galera. Falaram que era bom ter um *chatbox*, ele instala um *chatbox* na empresa.

Ele adere a um monte de tecnologia para tentar sair na frente. Sem entender se isso realmente vai ajudá-lo. Ou melhor, sem entender se é isso que realmente o cliente quer. Se isso vai criar mais relacionamento com o consumidor. Se vai atrair mais clientes. Ao final, se tudo isso, vai gerar mais lucro para a empresa.

Nesse caso, o leitor agora já sabe muito bem em qual grupo de pessoas está nesse exato momento. E nenhum desses pensamentos está errado. É a forma como se aborda essa nova geração de clientes que vai definir se a atitude está certa ou errada.

Entender o momento de avançar e o momento de recuar. Saber se realmente pode ser benéfico à empresa usar esse meio tecnológico e/ou essa ferramenta.

Volto a dizer, não importa em qual dos 3D está. O importante é fazer uma autoanálise, do que é preciso mudar para melhorar o faturamento. Seja com mais tecnologia ou com mais conveniência.

O fato é que, seguir qualquer um desses caminhos, como um caminho único, seja o Desespero, o Desinteresse ou o Desapego, pode ser fatal para a companhia.

O certo é compreender que o modelo de fazer negócio mudou, o consumidor tem uma nova mentalidade de compra. E está em constante mudança, é preciso entender essas mudanças para definir se a empresa sobrevive ou não, nos próximos 10, 20 ou 30 anos.

É visível a necessidade de fazer algo a respeito, ficar fazendo a mesma coisa terá o destino de muitas empresas que pararam no tempo. É impossível ter um resultado diferente fazendo a mesma coisa todo o tempo. É preciso entender o consumidor e atender a maneira que ele quer ser atendido.

Como prometido, vamos a mais um exemplo: o caso de uma empresa de locação de vídeos. Se tem mais de 30 anos, vai lembrar que havia inúmeras lojas de locação de filmes nos anos de 1980 a 1990 no Brasil.

O processo de compra naquela época era a pessoa se deslocar até a locadora. O indivíduo se empolgava para ir sábado nas locadoras de vídeo, passava horas selecionando qual filme iria levar para assistir, afinal das contas, só tinha dinheiro para dois filmes. Tinha de ser muito, mas muito bem selecionado. E já pegava no sábado, porque podia ficar até segunda-feira com o filme. Aí chegava em casa, colocava no vídeo cassete e assistia.

Até aí, tudo bem, era divertido e era o que tinha de tecnologia para aquela época. Mas então chegava segunda-feira, o dia de devolver os filmes. Era uma verdadeira "sofrência", era um parto, porque a locadora só começava às 8h da manhã. E algumas só abriam no período da tarde. A pessoa se desdobrava para conseguir entregar, porque tinha outros afazeres, seja estudar ou trabalhar.

E quando conseguia se desdobrar e levar os filmes à locadora, vinha na mente...

"Eu não rebobinei".

...Então, a ordem era tentar rebobinar ali na hora mesmo. Ou pagar uma taxa adicional para rebobinarem. Para os que são mais jovens, que não sabe o que é uma fita cassete, procurem no *Google* e acreditem. Havia multa por não rebobinar a fita cassete. Parece insano, mas era a realidade para aquela época.

Agora vamos analisar os 4 fatores fundamentais expostos nesse livro.

Havia o produto certo?

Sim, a fita cassete para aquela época era o produto certo.

Havia a quantidade que queria?

Em momentos sim, se a locadora era de grande porte, como a falida *Blockbuster*. Sim. Tinha a quantidade. E quando não tinha, oras bolas, não tinha.

Era um preço justo?

Obviamente que não, muitos não tinham acesso por ser caro, tanto o aparelho e como aluguel de filmes em cassete. E ainda tinha a questão dos lançamentos, que era preciso pagar um valor adicional para assistir antes de todos.

Era na hora que queria?

Claro que não, isso dependia de dinheiro, dependia de tempo para se deslocar, dependia de a locadora estar aberta e ainda dependia de ter a disponibilidade do filme que queria.

A *Blockbuster* já foi a maior empresa de locações de filme do mundo. Ela nasceu em 1985 e morreu em pleno ano de 2010. Chegou a valer no auge, 500 milhões de dólares. E veio a falência por justamente não pensar em como ser mais conveniente ao cliente.

Aí vejam o que aconteceu! Depois de 30 anos, as empresas de *streaming* abocanharam esse mercado. E nos últimos 10 anos, abriram novos canais, diferentes opções de empresa e entretenimento. Tem a *Amazon*, *Netflix*, *Disney*, *Hulu* e etc.

Quero abrir um parêntese aqui. Para uma experiência pessoal. Eu tive a oportunidade de um filho de um amigo, de apenas 4 anos, chegar na minha casa e pedir para assistir televisão.

E eu ligo a TV local e deixo no primeiro canal de desenho que localizei, nem tinha percebido que estava na TV local. Passaram-se alguns minutos e esse garoto me perguntou o que era aquilo na televisão e eu questionei, por não ter entendido a pergunta.

Estava passando alguma propaganda. Ele me olhou e me disse que então não gostava de propaganda e que preferiria assistir *Netflix*. Observe, ele não falou desenho, ele falou *Netflix*.

Apenas para curiosidade, a *Netflix* é de 1997, iniciou as operações enviando o DVD de filmes para os clientes por correio. O que já é mais conveniente que se deslocar até uma locadora.

E ela tentou se vender, literalmente, para o concorrente, a *Blockbuster* e essa mesma empresa, hoje falida, não acreditou na ideia e nos fundadores da *Netflix*, que hoje detém de mais de 200 milhões de assinantes.

Faça as contas, essa empresa de *streaming* fatura tranquilamente mais de 4 bilhões de dólares mensais. Com valor de mercado, em 2018, de 152 bilhões de dólares. Parece piada, perto dos 500 milhões de dólares da amiga falida. Loucura, não?

Isso é apenas um resumo de como o consumidor está mudando. Os clientes que conhecem uma empresa há 20 anos são diferentes dos que estão saindo dos berçários. E terão opiniões diferentes, hábitos diferentes e percepções diferentes. Para sobreviver, é preciso entender essas mudanças e se adaptar rapidamente.

Nesse livro quero demonstrar que, mesmo não sendo um negócio digital, é possível inovar, pode ser feito diferente e atender realmente como o cliente deseja ser atendido.

Lembre-se, o consumidor não quer tecnologia, o consumidor quer resolver um problema. É nisso que as empresas devem estar focadas.

Resolver problemas. A tecnologia é apenas um meio de como resolver um determinado problema.

2 – Mercado digital x mercado físico.

Mesmo que a tecnologia esteja crescendo loucamente, ainda temos muito espaço para o mercado físico. Mas antes de chegar na cereja do bolo, é preciso entender um pouco da história e de como o mercado se transformou.

Fique tranquilo, não será abordada a era Henry Ford e de como ele iniciou as primeiras produções do renomado Ford T. Serão usados exemplos práticos para compreendermos a evolução do cliente de forma dinâmica e de rápido entendimento. Até porque será cumprida a promessa de ser um livro rápido e objetivo.

E voltar no tempo, na casa dos anos de 1950 e 1960, um pouco mais de 50 anos atrás. Demonstrar em poucas palavras como era o mercado entre vendedor e comprador. Havia um vendedor que enchia o porta-malas de produtos ou de catálogos.

O vendedor saía desbravando esse mundão. Os produtos eram caros, dependiam da presença física e de constantes visitas do vendedor. A logística não funcionava bem. E ainda havia uma regra nas empresas, que o comprador conseguiria falar com o fornecedor durante o período das 8h às 18h.

Depois desse horário era impossível comprar algo, teria de esperar até o dia seguinte. E acredite: as empresas vendiam muito nesses tempos. Porque havia escassez de fornecedores e as empresas praticamente se obrigavam a esperar o fornecedor atendê-las.

A ordem das empresas era ter um produto durável para que o cliente não tivesse problema. Pois se gerasse retrabalho, além de manchar a marca do fornecedor, ainda havia os problemas de devoluções e os altos custos envolvidos, para fazer o atendimento pós-venda. O foco era em manter o cliente com um produto bom e durável. Assim a marca ganhava carinho e confiança do consumidor.

Poderiam ser citadas algumas empresas e segmentos que surfavam nessa onda gigante de alta demanda e pouca concorrência. As próprias empresas de carros, como a Chevrolet com o Opala e Chevette, a Ford com o Galaxie e com a linha de caminhonetes da linha F. Tantos outros, como a Volkswagen com o Fusca, a Kombi, o Puma e a Brasília. Alguns desses carros ainda são vistos nas ruas até hoje. São usados rotineiramente ou como itens de colecionadores.

Outro exemplo são os produtos/equipamentos domésticos, havia uma grande durabilidade nos aparelhos domésticos. As geladeiras chegavam a durar décadas. Ferramentas e máquinas eram produzidas superdimensionadas para durarem muito e ter pouca ou nenhuma devolução. Todos esses produtos eram feitos para ter alta durabilidade. Alguns chegavam a passar de geração para geração. Caso o leitor seja nascido no século passado, entre as décadas de 30 e 50, deve lembrar que os telefones fixos eram passados por testamentos.

Essa era a época de ouro, onde havia poucas empresas e muitos clientes ávidos por produtos. Um cenário excelente para qualquer empreendedor. Uma alta demanda de consumo com pouca concorrência. As margens poderiam ser elevadas, o CAC era baixo...

CAC: Custo de Aquisição de Cliente.

...Em muitos empreendimentos eram irrisórios os valores despendidos no *marketing* ou propaganda local. O Boca a Boca já era suficiente para ganhar espaço e mais clientes. E não somente falando de grandes empresas, como as montadoras de veículos. Veja nas cidades as empresas de mais de 50 anos que ainda prosperam.

São empresas que, por muitas vezes, iniciaram com uma sala comercial do tamanho de um quarto e foram ampliando, ampliando e hoje estão do tamanho de mega empresas de sucesso. Certamente tiveram que se moldar ao hábito do consumidor para permanecer nesse novo milênio.

Esse período pode ser chamado de período de bens duráveis. E chegou um momento que as empresas atenderam boa parte do mercado e ainda precisavam crescer, porque agora tinham acionistas ou tinham objetivos de se tornarem ainda maiores, tinham objetivos de abrir uma nova filial, ou serem reconhecidas nacionalmente e até mesmo internacionalmente.

As coisas começaram a ficar difíceis, pois agora outras concorrentes tão grandes quanto elas surgiram. Usando a referência da área automobilística, antes havia três montadoras renomadas no Brasil. Havia a Ford, a Chevrolet e a Volkswagen.

Agora, no final do século passado, já existem as renomadas alemãs BWM e Mercedes, os meticulosos asiáticos, como a Nissan e a Toyota.

Surgiu uma infinidade de possibilidades ao consumidor.

E explorando outros mercados, novamente veja a região em que vive. Quantos mercados, lojas e empresas surgiram. Na década de 1950, se precisasse de um serviço de soldagem numa cidade de 50 mil habitantes teria meia dúzia de opções. Em pleno século XXI, há centenas de empresas que podem fazer o serviço.

Consegue vislumbrar? Houve uma mudança do conceito de consumo. Antes, era o período dos bens duráveis, e agora mudou para uma nova era. Essa era pode ser chamada da era dos produtos seriados. Das vendas em série.

Um pouco mais de 30 anos atrás, após a era Collor...

> *Collor: Foi 32° Presidente da República, entre 1990 e 1994. Foi processado por corrupção e, antes mesmo de aprovado pelo Senado, sofreu impeachment e renunciou em 1992. Assim, assumiu Itamar Franco. Anos mais tarde, Ricardo Ricúpero e o novo presidente de 1994, Fernando Henrique, implantam o Plano Real, que faz o Brasil sair da inflação de 1200% ao ano.*

Desse período para frente, ao atual, em que vivemos, pós-Plano Real até os dias de hoje, em pleno 2020, as pessoas compram os produtos, às vezes, além da necessidade. Ou seja, estragou e custa para consertar mais de 50%, compra um novo.

As pessoas compram pelo *design*, pelo luxo, pelo *status* social, pelo conforto adicional, pela tecnologia embarcada, entre outros aspectos. As empresas e o próprio consumidor evoluíram.

Lembra da história de Henry Ford, que tinha apenas um único veículo de uma única cor, o Ford T preto? Padronização era a regra do jogo, para conseguir vender em grande escala, com um preço para popularizar a indústria automobilística. Devemos agradecer ao "Tio Henry", porque sem ele talvez os veículos não teriam chegado à classe trabalhadora e seriam ainda um artigo de luxo para poucas pessoas.

Nesse novo cenário as empresas precisaram evoluir ao gosto do cliente. Os clientes ainda queriam comprar, mas queriam algo diferente, algo novo, com mais recursos ou mais bonito, por assim dizer.

Então, agora entra a onda de investimento em mídia televisiva, *outdoor*, a busca pelo cliente que está disposto a se atualizar por algo novo. Aqui, além da qualidade dos produtos vendidos, entra o pós-venda, os profissionais de *design*, os estudos de *marketing* de como surpreender o cliente. Seja pelo preço, pela qualidade, pelo *design* ou *status* de ter um produto de uma marca e não de outra menos conhecida.

As empresas, nesse novo necessário, além de fornecer um produto de alta qualidade, começam a investir massivamente em *marketing*. Inicia-se uma megalomaníaca campanha que as melhores empresas precisam estar em *outdoor*, em programas de televisão, sendo usadas por atores e atrizes globais.

Quer um exemplo? Veja o celular: a troca ocorre quando apenas não dá mais para usá-lo? Na grande maioria das vezes, não. O leitor até pode tentar enganar a si próprio que troca porque o aparelho está ficando lento. O celular é como um computador, se atulhar de *softwares* pesados ou baixar muita informação no HD, certamente ele ficará carregado.

Em vez disso, o que comumente fazemos?

Consertamos, levamos para uma empresa de conserto de celulares?

Em alguns casos sim, mas se o reparo se tornar caro demais, a pessoa vai logo e compra outro. Afinal, todas as pessoas à volta já estão com a versão 7 e o consumidor ainda caminhando com a versão 5 do celular. O fato é que o consumidor mudou. Além de ele ter mais opções de produtos, o poder aquisitivo melhorou, até mesmo para a classe C.

O que acontece é que acaba comprando o próximo lançamento. E a cada um ou dois anos está comprando um novo aparelho de celular.

Por quê? Estraga? Fica lento demais?

Não fica lento, é o cliente que não suporta mais o *design*. Ou o vizinho, ou o colega de trabalho tem o novo *Iphone*. Isso deprime o *status* social das pessoas. É o que mais acontece atualmente, o *Status Social*, que te empurra para consumir mais e mais.

É preciso ser melhor que o outro, não é verdade? Fique tranquilo, é natural do ser humano querer mais, ter um pouquinho de inveja, é um processo natural da evolução. Ao passar dos anos, conforme vai envelhecendo, vai observar que entrará em outro nível de consumidor. Que vamos abordar isso mais à frente.

    Logo o cliente tem o prazer e o luxo de comprar produtos seriados. Sempre uma nova versão. Veja o cenário da moda. Há 50 anos, as pessoas repassavam as roupas de um parente para outro. Hoje se encontra muitas lojas vendendo por atacado por um preço muito bom. Ficou mais fácil o acesso e mais barato ter um determinado produto. Isso tudo graças à liberdade econômica e à livre concorrência.

    Outro exemplo, os carros. Antigamente, os carros eram passados de pai para filho. Atualmente, as pessoas têm em média o mesmo veículo por 5 a 6 anos. Logo depois, trocam por um melhor ou mais novo.

    E os eletrônicos?

    Sempre adquirindo um novo equipamento, uma nova TV. E os próprios produtos não são tão duráveis também, para justamente trocar com frequência. A tecnologia também evoluiu. Antigamente tínhamos carros com latarias grossas, pesando quase duas toneladas.

    Isso exigia um motor mais potente, mais consumo de gasolina. Em contrapartida, os carros de hoje são mais leves, econômicos, seguros. O produto evoluiu conforme a demanda e exigência dos clientes. Nunca pelo sabor ou necessidade da empresa. É sempre pela demanda do mercado. A empresa pode até influenciar, mas se os consumidores não aderirem, é o fim dessas empresas.

Essa é a beleza consumista, que é o capitalismo. Sem ser hipócrita, de achar isso ruim. Afinal de contas, o cliente compra se quiser. Não é verdade?

Essas mesmas empresas geram inúmeros empregos e novas empresas terceirizadas que geram mais riquezas. Seja para o indivíduo, seja para o empresário e/ou para o estado. Longe de entrarmos num assunto muito mais acirrado, que é a política, voltamos a falar de negócios, que é o que importa para esse livro.

Então, primeiro veio a geração de bens duráveis e com dificuldade de como vender em grande escala. Depois disso, veio a era de produtos seriados, se preocupando em criar produtos cada vez mais sofisticados, bonitos, funcionais e que atendam a necessidade básica do cliente e a necessidade aos olhos da sociedade.

E agora, em qual era vivemos?

Agora entra a nova era, que aqui nesse livro é chamada da era da conveniência. E por coincidência, é o principal tema desse livro é a palavra conveniência.

Olha que beleza! E justamente já foram dados exemplos práticos de empresas que já se digladiam por uma fatia de mercado.

Muitas delas saíram à frente, como o *Spotify*, no ramo de *streaming* de música. A *Netflix*, no ramo de filmes e seriados *online*. A *Uber*, como empresa de transporte. E novamente, pela liberdade econômica e livre concorrência, essas empresas já possuem empresas concorrentes.

Todas fazem inúmeras campanhas de *marketing* para se diferenciar, pois além de terem um produto de excelência, com um *marketing* extremamente assertivo, essas empresas precisam ser mais convenientes para absorver o maior volume de clientes possíveis.

Voltando ao mantra. É ter o produto certo, na quantidade certa, a um preço que o cliente está disposto a pagar e no momento certo. Essa nova era exige ainda mais das empresas. Além de ter um produto bom e estarem em todas as mídias possíveis, é preciso ser mais conveniente ao cliente.

Logo vem aquela pergunta intrigante na mente das pessoas que já possuem negócios ou pretendem montar um negócio físico. Entenda que um negócio físico é como uma empresa que precisa de um local para armazenar os produtos ou departamentos.

Qualquer empresa que tenha um produto físico ou serviço físico, excluindo da lista empresas que tenham a proposta de tecnologia ou SAAS.

Vem aquela pergunta, martelando hora após hora na cabeça...

> *"Mas, esse louco fala só de tecnologia, como eu, que tenho um comércio físico ou pretendo ter um negócio físico, posso ser conveniente ou inovador? Todos os exemplos que deu são de empresas de tecnologia. É um ramo*

totalmente diferente do meu mundo real... Eu vivo aqui, no mundo físico".

Sim, verdade... são totalmente diferentes.

Acredite, por mais que pareça que tudo parece se tornar digital, ainda tem muito espaço para o meio físico e sempre terá oportunidade.

O que realmente é preciso entender é se a empresa atende a conveniência que o cliente precisa.

Melhor, a empresa realmente entende o que é ser conveniente para o cliente?

Ou, pensando em inovação, qual foi a última inovação feita pela empresa?

Quando se fala em inovação, não necessariamente precisa ser um produto novo.

Lembra do que foi visto no dicionário?

Que inovação pode ser ou fazer algo de forma diferente.

Já se perguntou se o cliente está disposto a pagar por essa inovação? Ou se realmente essa tal "INOVAÇÃO" é realmente inovadora? O consumidor enxerga nessa inovação algum valor que ele esteja disposto a pagar por isso? Ou só a empresa enxerga que isso vale ouro? E a pergunta que não quer calar: Se não inovou, por que não inovou ainda? Perguntas e mais perguntas... certo?

Uma dica fantástica, se a conveniência ou inovação é vista somente pelo proprietário, isso não é inovação e muito menos conveniência, abandone essa ideia. Se somente o proprietário compraria essa inovação, abandone.

E não tenha medo de mostrar essa ideia fabulosa para alguém de confiança. Uma ideia na cabeça de um louco é apenas uma ideia. Uma ideia na cabeça de dois ou mais loucos, pode virar uma ideia milionária.

Uma ideia pode parecer milionária em uma única mente. E será rico somente na mente e nada mais.

Lembre-se, esse livro é para causar provocações. Pois desconheço a empresa em que trabalhar ou o negócio que deseja criar. A pessoa que lê esse livro é que conhece o negócio ou a empresa e o próprio cliente muito melhor que eu. Quer dizer, deveria conhecer.

Conhece?

Vou dar exemplos para perceber o que é inovação. Vou criar o contexto disso.

Por exemplo, se já é pai conhecerá bastante essa rotina. E, se não for pai ainda, observe pelo olhar de um pai o que é a rotina de ter um filho e levá-lo à escola todos os dias.

Primeiro, é preciso acordar cedo, pelo menos 1h ou mais, todos os dias da semana. Depois é arrumar a criança, na sequência vai preparar algo para ela comer, vai preparar a lancheira ou o material escolar. Terminado isso, a criança já está arrumada, alimentada e pronta para embarcar no carro.

Bom, chega ao ponto de colocá-la e prendê-la ao cinto de segurança.

Se tiver pouca idade ainda, passará um trabalho dobrado para prender a cadeirinha ao cinto de segurança.

E depois, vem a parte boa, vai cantando "Let it Go, Let it Go" até a escola, aquele momento único entre pai e filho, que leva uns 20 a 30 minutos.

Let it Go: Música do tema do filme Frozen.

E até aí, não se importa de ter cantando "Let it Go" por 32 vezes. Chega em frente à escola e começa a procurar uma vaga de estacionamento. É como procurar uma vaga no centro caótico de Nova Deli, na Índia.

Logo descobre um jeito malandrinho e infalível de qualquer pai, para no meio da rua ou em qualquer canto que sobra espaço, porque afinal não vai levar mais de 1 minuto.

Corre risco de levar uma multa, em muitos casos. A tia que organiza as paradas de carro, já te xinga porque, de novo, obstruiu a rua para deixar a criança. Desamarra a criança, como se a vida do pai e a vida dela dependessem desses 1,5 segundos para tirar o cinto.

E obviamente que o cinto emperra, não passa pela cadeirinha, ou qualquer coisa do gênero. Mesmo assim, sobrevive e leva a criança até a porta da escola e dá aquele beijo de despedida. Mas olha para a mão da criança e vê que ela não está com a lancheira ou com a mochila. Se obriga a voltar até o carro pra buscar a lancheira/mochila que esqueceu e já tem outro carro buzinando. É outro pai/mãe atrasado e puto da vida contigo por estar atrasando-o também.

E, às vezes, até retribui o xingamento, ou dá um sorrisinho de deboche e continua andando. Volta para o carro, pega a lancheira/mochila, corre, entrega pra criança. Corre de volta para o carro. Recebe um novo "puxão de orelha" da tia que organiza os carros na frente da escola e reza para não ter levado uma multa. É certo que chegará no trabalho atrasado, suado, estressado de novo. UFA, acabou? Sim, até o final da tarde. Porque sabe que terá uma nova luta consigo mesmo às 17h para buscar a criança.

Essa versão pode mudar de região para região, mas tenho certeza que se não é todo dia, em alguns dias da vida aconteceu isso, ao levar o filho antes de ir ao trabalho.

A analisar através do fluxo de atividades a seguir é possível entender o tempo despendido para essa única atividade.

Observe que no primeiro fluxograma todas as atividades representam 655 minutos.

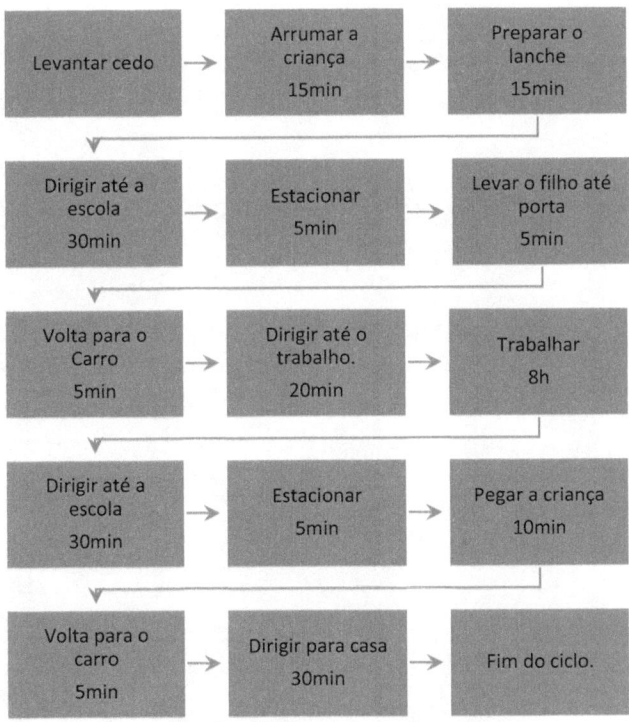

Fonte: Elaborado pelo autor.

Tirando as 8 horas de trabalho e o deslocamento até o trabalho, teríamos 500 minutos que são impossíveis, atualmente, de se eliminar, pois precisa ir ao trabalho e ganhar o rico dinheiro para pagar as contas.

O traslado também é necessário, de casa ao trabalho, pois a empresa ainda não entrou no regime ou não se adequou ao regime *home office* (o pós-Covid impulsionou muito essa versão de trabalho).

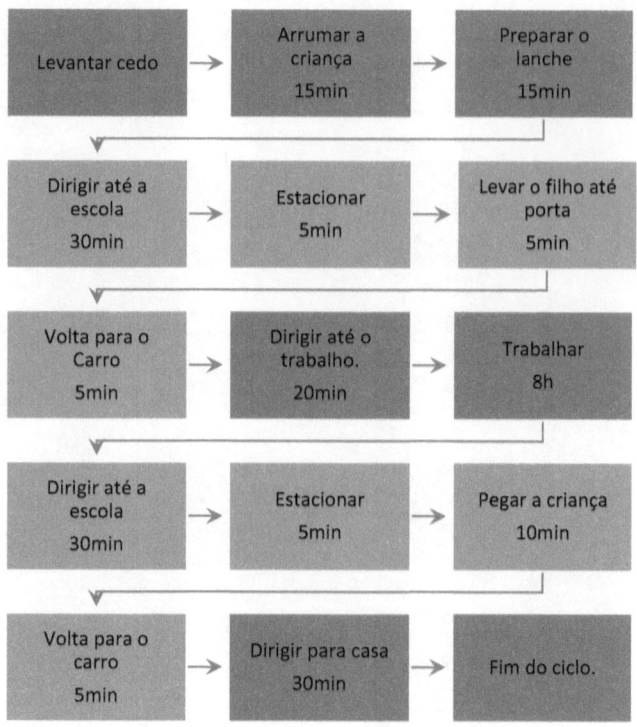

Fonte: Elaborado pelo autor.

Então, nesse caso, ainda sobraram 95 minutos de tempo, que são perdidos diariamente para fazer essa atividade. Um pouco mais de uma hora e meia diariamente de vida desperdiçada, apenas para levar e buscar o filho ao colégio. Olhando friamente os números, as escolas na maioria, têm 40 a 44 semanas letivas de aulas.

Fazendo um cálculo rápido. Se tem 40 semanas vezes 5 dias da semana e multiplicado pelos 95 minutos diários, são 19000 minutos. O equivalente a passar aproximadamente 14 horas ininterruptas, sem dormir, executando essa mesma atividade loucamente. Isso em apenas um ano.

E naquele momento alguém parou e pensou, numa ideia totalmente nova, uma inovação. Que poderia resolver os problemas desses pais sonâmbulos.

Fretamento.

Uma pessoa teve a ideia de prestar o serviço de levar e buscar os filhos nesses horários. Logo é menos um problema na vida caótica dos pais, economizariam 95 minutos de vida nesse traslado.

Sem precisar brigar com a senhoria que organiza os estacionamentos, sem discutir com outro pai e chegar ao trabalho sem estresse e sem suor. Sem risco de multa. Por 150 reais mensais.

Esse segundo fluxograma demonstrou quais estágios, poderiam ser eliminados dessa atividade. Estão pintados na cor laranja.

Observe que esse fluxograma pode ser aplicado a qualquer negócio. A nova empresa ou produto podem surgir dessa análise. Ou podem e devem ser aplicados em outra área da vida do leitor para se tornar mais eficiente e feliz.

É certo que terão alguns leitores que irão dizer que perderão o contato com o filho nos 30 minutos de ida e 30 minutos de volta para casa cantando, "Let it Go" por 64 vezes.

Garanto que essa 1 hora diária supostamente perdida de convívio com o filho será compensada com uma melhor qualidade de vida, com mais eficiência no trabalho e chegando mais cedo em casa.

E vai poder esperar o filho com a pipoca pronta, vestido de princeso em frente à TV, pronto para assistir ao filme da *Frozen* diariamente com ele, no conforto de casa. E não no estresse do trânsito, onde estará mais preocupado com qual caminho pegar para chegar mais rápido.

Está entendendo aonde quero chegar?

Se nos organizarmos, podemos ser mais eficientes, mais próximos de nossa família. Basta aproveitar esse tempo que ganhou, de maneira eficiente e mais feliz.

Sem entrar nesse âmbito familiar e voltando ao quesito de negócios. Hoje é muito comum essa atividade de fretamento. Pensem no transporte coletivo de ônibus, um tipo de negócio que existe há mais de 50 anos.

O que foi feito?

Uma pessoa viu a oportunidade.

Essa pessoa inovou o jeito de transportar pessoas?

Não necessariamente.

É um veículo que transporta pessoas assim como o ônibus, assim como o táxi. O que essa pessoa fez de inovação, foi inovar a questão da ideia, do conceito de um veículo específico, que atende o que as pessoas precisam, na quantidade específica de pessoas, no valor que essas pessoas estão dispostas a pagar e na hora específica que essas pessoas precisam.

Se analisar friamente, não é tão difícil assim fazer uma inovação. Basta atender os quesitos do mantra aprendido aqui.

Além disso, alguns leitores ainda não satisfeitos que isso é um ganho, podem pensar que essa inovação foi muito óbvia, pois muitos cresceram pagando por esse serviço. Ou, se forem mais novos, usaram desse serviço para ir à escola, ao curso de inglês e etc. Certamente estão ávidos para ter um exemplo mais novo, mais recente.

E sim, existe um exemplo mais recente.

Existe uma empresa em Curitiba que faz as refeições diárias para a criança. Ela manda a comida da lancheira pronta para o consumidor. Por um valor razoavelmente atraente. É possível comprar pacotes mensais e essa empresa prepara porções para o filho do cliente levar ao colégio. E ainda com auxílio de nutricionistas e de *chef* de cozinha, que preparam a refeição ou lanche mais saudável possível.

Isso iria economizar mais uns 15 minutos diários da vida do cliente. Ou seja, 3000 minutos no ano, são 50 horas a mais para aproveitar da melhor maneira que quiser. Aí, fica a pergunta:

Quanto que vale 50 horas a mais de sono num ano?

Quanto que vale 50 horas a mais de "Let it Go"?

Quanto que vale 50 horas a mais de vida?

Sem ainda entrar no quesito do tempo que perderia para ir ao mercado e/ou frutaria para comprar esse lanche para o filho. Isso daria, tranquilamente, mais 2 horas semanais de economia, no mínimo.

Eu não terei a resposta de todas as empresas ou profissionais que estão lendo esse livro. É claro que não. É impossível. Mas eu tenho a pergunta certa.

E essa pergunta é: A pessoa que lê esse livro ou o empresário, realmente está resolvendo o problema de alguém com o produto? Está resolvendo o problema de alguém com o modo que presta o serviço?

Está atendendo os 4 requisitos de conveniência?

O produto/serviço certo,

Na quantidade certa,

No preço que o cliente está disposto a pagar e,

Na hora certa.

Essas frases já deveriam estar gravadas na mente.

Continuando, a abordagem sobre o mercado digital e mercado físico, é preciso entender o tamanho desse mercado de varejo na *internet* e o mercado de varejo físico.

Imaginem agora os variados *market places* que existem na *internet*. Nacionalmente consagrados, existem a Magazine Luiza, Americanas, *Amazon*, Mercado Livre, OLX e tantos outros.

Então todas essas empresas juntas, vendendo bilhões de reais anuais, representaram em 2018, apenas 6%, vou escrever de novo, apenas 6% das vendas no Brasil.

Logo, ao observar esse gráfico abaixo, não é nada desesperador. Os empresários e futuros empresários que leem este livro detêm mais de 94% de todas as vendas feitas no Brasil.

Isso é incrível, não é?

E como está a questão de crescimento?

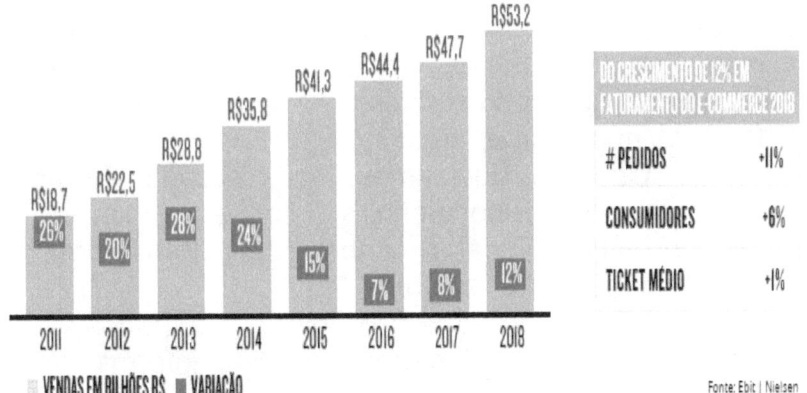

Fonte: Nielsen

Veja que houve um exponencial de crescimento inicial, até por que era o início de uma revolução digital, crescendo na casa de 20%.

Do ano de 2015 para cá, o crescimento é mais conservador, na média de 10% anuais. Mas irá crescer, é preciso estar atento.

Mas me corrija se eu estiver errado, quando é preciso comprar uma TV ou qualquer aparelho eletrônico o que geralmente as pessoas fazem?

Elas irão até a loja para ver a melhor opção?

Elas consultam um amigo especialista naquele determinado aparelho, para saber qual a melhor opção para comprar?

O que realmente as pessoas fazem?

As pessoas fazem busca no *Google*, no *Facebook*, no *Instagram*, *sites* de busca, *blogs* e etc. Nos Estados Unidos existe até mesmo o verbo "googled", que virou sinônimo de quando uma pessoa faz uma busca na *internet*.

Observe que antes, no mercado de bens duráveis, o vendedor detinha o conhecimento, ele ia até o cliente falar sobre os benefícios e especificações dos produtos.

Na era dos produtos seriados, as propagandas e mídias de *marketing* informavam o cliente qual era o melhor produto e quais benefícios teria comprando da marca A ou da marca Z.

Para essa nova era de conveniência, o cliente não somente recebe as notificações como na era de produtos seriados, como ele procura saber o que ele realmente quer dos produtos.

O cliente, antes mesmo de a empresa oferecer o produto, já está vendo o concorrente, os preços de mercado, se aquele produto realmente atende a necessidade ou se ele pode achar outro melhor, com mais funções, mais bonito e por aí vai.

O consumidor já chega nas empresas com metade da informação embasada no que ele encontrou *online*. Então, o Mercado Online, pode não ser o maior mercado, AINDA, mas é uma ferramenta que deu poder aos compradores.

As empresas que souberem aproveitar dessa onda tecnológica para o bem, sairão à frente dos demais concorrentes. E, às vezes, nem sempre será com o melhor produto ou com o melhor preço. É essa questão que o comércio local tem de entender.

Nesse caso abre uma nova pergunta, se realmente as empresas ou os comércios locais devem investir no tal do mundo digital. Eu vos digo que...

SIM! SIM! SIM!

Na verdade, eu replico a dúvida com:

"Por que não está lá ainda?".

Por mais que a empresa tenha mais de 30 anos e que toda a cidade o conheça. A nova geração não o conhece e não irá conhecer se continuar no anonimato digital para a próxima década.

A ideia é sim estar no tal do mundo digital, mas entendendo como deve estar inserido nesse mundo *online*. Em que plataforma deve estar, ou como deve divulgar, ou como investir na marca, como investir em desenvolvimento da marca, ou quanto deve investir e por aí vai.

Como perceberam lendo uma parte desse livro, eu adoro dar uns exemplos. Para entender na carne e no dia a dia como isso ocorre. Nesse, vou usar um exemplo de gestor. Num período em que fui gerente de unidade de um grande varejista com uma mega loja. É sempre melhor usar um caso real para apresentar um conceito.

Uma empresa de mídia queria continuar vendendo o serviço de *marketing*. Essa empresa já ganhava 5 mil reais por 12 minutos mensais de pronunciamento na rádio local da cidade.

Quando assumi a gestão dessa unidade, assim como qualquer gestor, havia dois pontos cruciais. Elevar as vendas e reduzir os custos. E nesse caso, esse custo representava praticamente 1% do faturamento bruto dessa unidade.

Com uma margem média sobre o produto próxima de 30%, esse valor representava um valor considerável nos custos da empresa, de 3,33% aproximadamente sobre a margem liquida.

Questionei as pessoas que trabalhavam nessa unidade se eles tinham a noção do volume de clientes que eram oriundos das propagandas feitas pela rádio.

Quantos deles adentravam na unidade para comprar devido à mídia promovida por essa empresa. Os vendedores não souberam me informar.

Eram gastos mensalmente 5 mil reais para fazer essa mídia. Nos últimos 5 anos, isso representava 300 mil reais. Matematicamente, vamos lá.

É esperado que esse investimento em mídia tenha algum retorno. Imagine que naquela época essa empresa que eu gerenciava tinha um *Ticket* Médio por cliente de R$ 300,00.

Ticket Médio: É o faturamento dividido pelo volume de clientes. Se em um dia a empresa faturou 30 mil reais, atendendo 1000 clientes, o ticket médio é de R$ 30,00.

Eu perguntei ao supervisor administrativo se ele já havia contabilizado esse gasto e confrontado com o número de vendas. Ele me informa que não, que há mais de 5 anos fazem propaganda, mas nunca fizeram nenhum tipo de levantamento com essa relação.

Chego ao supervisor de vendas e faço a mesma pergunta. Ele informa que isso é uma diretriz da matriz, todas as unidades investem na rádio há mais de 50 anos.

Virou uma despesa rotineira na companhia. Pergunto de novo, pois não quero saber sobre a história desse investimento. Quero saber o resultado que ela atrai para o negócio. O supervisor não soube me responder.

Veja, aqui é a descrição perfeita para aquele empresário ou gerente antenado. Desapegado. Que disseram para ele que ele precisava estar na rádio. Convenceram a ele que era um bom investimento 50 anos atrás. Realmente era, antes do *boom* da *internet*.

Talvez até um novo gerente, que visualizou aquilo e talvez até tentou conversar com a equipe de *marketing*. Ou até a equipe de *marketing* tentou argumentar com o presidente da companhia a investir em outras fontes de *marketing*.

Porém, sem dados ou fatos não há como argumentar. Essa empresa então, gastava os 5 mil reais mensais por unidade numa propaganda que eles sequer entendiam se era certo ou errado.

Imaginem que ela investia 1% do faturamento bruto em cada unidade varejista. Multiplique isso por um faturamento de 9 milhões reais. Isso daria tranquilamente 90 mil reais mensais sem saber se valia a pena ou não.

Consideravam que o cliente de 50 anos é o mesmo cliente de agora, que anda de patinete elétrico ouvindo *Spotify* ou *Podcast*. Os tempos mudaram e é preciso entender se realmente esse tipo de mídia é atraente para o negócio ou não.

Voltando ao caso real. Fiz a gentileza de pesquisar. Literalmente, repassei aos vendedores um processo de pesquisa padrão. Eles tinham que perguntar ao cliente se o mesmo já tinha ouvido a propaganda da empresa na rádio. Em caso de positivo, o vendedor tinha de fazer um risquinho num quadro que colocamos próximo da bancada de atendimento.

Em caso de o cliente responder "sim", eles tinham uma segunda pergunta. Para saber por qual motivo ele veio visitar a unidade. Se era pela promoção de um produto específico ou deixava em aberto pra o cliente responder por que veio até a unidade. Essa pesquisa durou três meses. Era essa a pesquisa, rápida e objetiva.

Simples assim, se ouviu no rádio. Risquinho e segunda pergunta. Ótimo. Se não ouviu a chamada na rádio, bastava anotar no outro campo da pesquisa. Ao final do dia era contabilizado o volume de clientes que entraram na unidade com o volume de clientes que ouviram na rádio.

Sabe o que tínhamos conseguido ao final de 3 meses de pesquisa? ROSCA! ZERO! NADIE! No dia seguinte após essa análise, mandei um *e-mail* à empresa de rádio, solicitando a quebra de contrato.

Porque era um absurdo ter essa despesa, sem nenhum retorno. Concorda? Pagaria por um serviço dedetização da casa sem ter a certeza que o serviço vale a pena? Sem receber algum certificado que a casa está isenta de pestes e insetos? Obviamente que não.

É esperado que essa empresa execute o serviço e tenha alguma garantia sobre o serviço aplicado. Sobre qualquer ação de mídia também é possível mensurar essa estratégia.

Depois desse *e-mail*, muito simples e direto, a empresa de rádio me enviou um jovem, daqueles de *startup* de roupa descolada. Cabelo cheio de pomada, com aquele efeito no barbeiro com um risquinho na lateral da cabeça e com um *tablet* da *Apple*. Nada contra. Eu mesmo, acho muito estiloso.

Bem apresentável. Sentou na minha frente e começamos a conversar. Ele gostaria de entender o que haveria de ter acontecido que, após cinco anos de parceria, eu simplesmente cancelara o contrato.

Quem trabalha comigo, sabe que gosto de uma boa conversa, mas quando é trabalho, sou direto, franco e transparente. Eu perguntei, qual é minha taxa de retorno com a prestadora de serviço.

Vou além e questiono. Qual era valor que despendo com a rádio empresa e tenho de retorno? Ou seja, desses 5 mil mensais, quantos reais mensais eu faria de faturamento. Quantos clientes a rádio mandaria para minha unidade para eu fazer negócio.

Ele me informa, que isso não era possível calcular e que eu que teria de fazer um cálculo estatístico da própria unidade. Que não competia à rádio fazer esse tipo de estudo.

Eu nem deixei que ele terminasse de falar, pois imaginem, eu como cliente, eu pagava para a rádio divulgar a marca. E a rádio diz que não faz esse estudo e quem deveria fazer esse estudo era o cliente.

É como se pagasse para divulgar a marca no *Google* e o *Google* apenas divulgasse, sem contabilizar quem teclou, ou quantas pessoas teclaram ou viram meu *site*. Se o *Google* simplesmente lançasse uma propaganda sem contabilizar e criar estatística dos resultados. Simplesmente estaria extinto da face da Terra.

Informo ao jovem que, NÃO! Pois, quem me vende o serviço era a rádio. E não o contrário. Quem me deve essa informação era a empresa dele. Se eu precisasse fazer essa análise, não tem porque me vender essa publicação, eu mesmo poderia publicar em qualquer mídia e medir.

Essa é uma questão que vai ser continuamente abordada nesse livro. Observe que algumas empresas ainda estão acostumadas a passar o problema ao consumidor em vez de realmente resolver.

Mesmo assim, ele insistente, provavelmente já havia se deparado com situações como aquela, puxou uma bela apresentação pronta com umas imagens lindas. E nos primeiros slides ele mostra que tem mais de 200 mil pessoas que ouvem a rádio diariamente. E o perfil do público é dessa idade, desse gênero... e blá blá blá...

E começa a divagar sobre todos aqueles textos prontos, que são muito bonitos, atrativos aos olhos, mas vendem uma ideia somente da cabeça dele, que não valem nada para o comprador do serviço.

Concordam?

Aquelas estatísticas servem para ele se embasar sobre o produto que é a mídia, mas não é isso que eu, como cliente, quero saber. Eu quero saber quanto vou ganhar usando 5 mil reais em mídia e não a de outra empresa ou outra tecnologia.

Eu retruquei.

Caguei. Literalmente caguei. Obviamente que não falei com essas palavras. Mas confesso que me deu vontade. Porque acho repulsante algumas empresas vendendo um serviço ruim e jogando a responsabilidade de solver o problema para o consumidor.

Para fazer uma analogia: imagine que o empresário quer resolver a dor dele, que é mais fluxo de possíveis compradores na unidade. E alguma empresa tem a brilhante ideia de divulgar na rádio, sendo uma pílula de farinha. Um placebo qualquer. Para curar essa dor.

Esse empresário toma essa pílula de 5 mil reais mensais. E questiona o fornecedor desse remédio que a cura para essa dor está falhando. E questiona como deve resolver. Do outro lado o fornecedor, alega que isso é responsabilidade do paciente. O remédio é bom. Apenas não cura, por uma culpa do paciente.

Eu tenho certeza que, como consumidor, o leitor já deve ter passado por uma situação similar. De alguma empresa colocar em pauta que o consumidor está usando o produto ou serviço de forma errada.

Se mesmo assim, o consumidor está usando errado, a culpa é dessa empresa que fornece o serviço ou produto. As empresas compram produtos ou serviços de outras empresas por justamente confiar que o fornecedor entende muito melhor de determinada área que o consumidor e terceirizar a culpa para o consumidor só tem um caminho: queda nas vendas. E no futuro sólido, a falência.

Voltando a esse fornecedor de mídia ele resolveu um problema do cliente, que era o caso de um ter um portal de propaganda, mas me criou outro problema. Que era não saber se aquilo fazia sentido para a companhia que representava.

Vou esconder nomes para evitar constrangimentos.

Eu informo ao "Fulano", que era possível mensurar estatisticamente, nem que seja de modo empírico. E eu aprendi nessa minha vida que "se não pode ser medido, não faça". E a segunda coisa que aprendi é que "tudo pode ser medido". Basta achar um meio de medição.

Nessa situação eu tento abrir uma discussão de como o vendedor poderia medir e até usar esse método para os demais clientes. Dou um exemplo, de uma estratégia que poderia dar certo.

Para saber quantos clientes entram na unidade pela propaganda da rádio, poderia ser pego uns 10% do valor que era pago por esse serviço. Que poderia ser considerado como despesa da rádio, que se colocar em pauta, já estaria embutida, por ser uma propaganda muito cara. E fizesse, por exemplo, um brinde, uma caneca com o nome da rádio. E deixasse na unidade.

A rádio continuaria anunciando os produtos e cada cliente que chegasse e comprasse algum produto nessa unidade, ganharia uma caneca exclusiva.

A unidade teria como saber se os clientes ouviram na rádio. Logo, a equipe de vendas teria o trabalho de converter esse cliente em uma venda maior do que o *ticket* médio habitual.

Nesse caso, dos 5 mil reais, a rádio teria 500 reais de despesa para fazer ao menos 50 brindes interessantes. Multiplicado pelo meu *ticket* médio, temos:

50 canecas x R$ 300,00 = R$ 15.000,00

Em teoria seriam pagos à radio 5 mil reais, faturados 15 mil reais, com um lucro subjetivo de 10 mil reais em vendas. Sem considerar as margens, obviamente.

Além mais, o vendedor interno teria a meta de aumentar a venda do *ticket* médio, que era um dos indicadores de venda. É muito provável que teria mais de 15 mil reais mensais, somente com essa ação.

Isso foi apenas uma conta rápida. Isso daria noção se está valendo a pena ou não fazer a divulgação na rádio. Passei toda essa ideia a ele e perguntei:

Topa? Vamos fazer dar certo dessa vez?

Ele me diz que teria de conversar com o diretor comercial da rádio. Eu falei que está tudo bem e que eu iria assinar o distrato. E que iria começar a investir no *Google*. Lá, pelo menos, saberei estatisticamente o que os clientes estão buscando, seja endereço, *site* ou telefone da empresa. E assim ter uma noção do meu Custo de Aquisição por Cliente (CAC).

Agora imagine, eu era o cliente que precisava do serviço, eu já estava mais informado que o próprio prestador. Isso que as empresas precisam entender. O cliente evolui numa velocidade muito grande, enquanto as empresas estão ainda tentando vender o mesmo produto, ou vendendo da mesma maneira.

Não cola, não tem mais tempo pra isso.

Com mais esse exemplo fica claro que nem toda mídia ou inovação serve para o negócio. De nada adianta investir na rádio porque era o modelo mais atrativo há 50 anos, se agora o consumidor pode ter migrado para outra mídia. Talvez agora ele procure na mídia digital, talvez ele procure em feiras, ou talvez em universidade.

Ao entender para onde ir, fica mais fácil para saber a qual cliente quer atingir, ou a qual problema está querendo resolver, em que canal se deve estar inserido. Antes de ser um empreendedor ou profissional desapegado, tente entender se realmente essa ação faz sentido para o profissional ou para a empresa.

Quero dar mais um exemplo pessoal de que muitas vezes as coisas entram no automático e as empresas não enxergam a oportunidade, de se tornarem melhores e mais eficientes.

Eu amo a área de vendas e por isso tive de queimar muita sola de sapato. Sempre fui vendedor e vou morrer vendendo.

E todos nós deveríamos ter um pouco da arte de vendas no sangue, pois de nada de adianta fazer um belo trabalho sem apresentá-lo de forma adequada, ou até mesmo impressionante, para ser comprado.

Eu sempre gostei da área de vendas técnicas consultivas, porque exige um conhecimento muito técnico sobre o produto e uma dinâmica muito sutil de lidar com as pessoas técnicas e até com o CEO da companhia. Isso gera uma *expertise* que nenhuma faculdade pode lecionar para um acadêmico.

Quero abordar aqui duas situações da minha vivência nessa área de vendas, para exemplificar ainda mais alguns paradigmas.

A primeira, uma grande empresa, multinacional italiana, líder de segmento. Sempre que eu visitava essa empresa eu precisava tirar meu *note*, celular e qualquer aparelho eletrônico para mostrar ao guarda.

Ele fazia um *check list* dos eletrônicos que eu iria levar para dentro da empresa. Eu pegava aquele papel e deixava em meu bolso, ao final da reunião eu tinha de pegar a assinatura do gerente para me permitir sair com os equipamentos.

Ao chegar na guarita, eu informo que havia esquecido de pegar a assinatura e pedi para o guarda me liberar a saída. Simplesmente ele me informa que não ser possível, que sem assinatura, sem saída.

Eu informo ainda que será difícil de localizar o gerente. Que vai tomar tempo dessa pessoa para simplesmente assinar um documento para minha saída. O guarda ainda sisudo informa que, sem assinatura, sem saída.

Como era de se esperar, eu atrasado para pegar a estrada e chegar a outro cliente, tenho a brilhante ideia. Ando uns 100 metros longe da guarita, pego uma caneta e faço qualquer rabisco para conseguir sair, para evitar passar vergonha de ir até o gerente para pegar a assinatura.

Chego à guarita, entrego o documento, o guarda recebe e abre a porta para minha saída. Intrigado pela ocasião, pergunto ao guarda, como ele sabe a assinatura de todas as pessoas da empresa. Rapidamente ele me informa que é humanamente impossível, com quase 3000 pessoas trabalhando no mesmo local.

Eu insisto e pergunto, para aonde vão todos esses cartões que recebe diariamente de inúmeras visitas. Ele me mostra a urna enorme que tem quase 1 metro de altura. Cheia.

Eu continuo, e questiono para onde vão esses arquivos. E ele apenas dá de ombro, num sinal de que não saberia dizer. E ainda explica que foi contratado um estagiário para separar os cupons por data, setor visitado e responsável. E depois colocar em um armário para que ele arquivasse os bilhetes entregues.

Insano, não é verdade?

As empresas fazem um processo de controle de entrada e saída. Mas ninguém controla apenas armazena para uma futura consulta do Ministério do Trabalho.

Isso prova que, tanto ao investir em alguma mídia, como na criação de um procedimento, pode ter sido muito bom para uma época. Mas agora os tempos mudaram e os processos ou investimentos podem e devem mudar.

Por ter viajado bastante esse Brasil, eu tenho outro exemplo, tem um hotel no Nordeste, que não posso citar no nome, que é necessário subir uma rampa para ter acesso ao estacionamento.

Ao chegar ao topo da rampa, tem uma guarita com um jovem que levanta e abaixa uma cancela para acesso ao hotel. Ele não questiona quem é, ele não questiona de que empresa que é, quanto tempo vai ficar, absolutamente não questiona nada. Ele passa o dia abrindo e fechando aquela cancela.

Chego ao gerente do hotel e pergunto o que aquele jovem faz além de abrir e fechar a cancela. O gerente consternado me questiona se o jovem não havia aberto a cancela. Eu informo que sim, que ele abriu, mas queria entender o porquê dessa atividade.

O gerente me questiona que não entende minha pergunta. Eu novamente pergunto qual a função de um jovem abrindo e fechando aquela cancela. E ele simplesmente me informa que não

sabia e que essa atividade já é feita há mais de 20 anos e sempre foi assim.
É o que mais ouço:

"Sempre foi assim".

O cliente nunca será "sempre assim". Ele está em constante mudança e a empresa precisa estar evoluindo da mesma maneira. Informo que as empresas precisam evoluir muito mais rápido que o consumidor, se quiserem estar à frente.

Acha que mudou alguma coisa?

Eu já fui visitar tanto o hotel como a empresa aqui citada. E continua a mesma coisa. As empresas ficam sem entender porque muitas vezes o consumidor foi embora e nunca mais voltou.
Simplesmente porque o consumidor mudou e a empresa continua atendendo, fazendo, vendendo e entregando a mesma proposta de valor.
Muitas empresas pararam no tempo. Acreditam que, por terem 50 anos de história, já cumpriram o papel e não precisam mais evoluir. Que investir em *marketing*, inovação ou conveniência é para os pequenos que não criaram ainda uma marca.
Veja a *Blockbuster* onde está agora, veja a *Kodak*, *Xerox*, *BlackBerry*. Inúmeras empresas gigantescas que foram para o buraco. Agora imagine as inúmeras empresas pequenas que deixam de enxergam esse cenário. O futuro dessas empresas é mais transparente que a água. A possível falência. Porque pararam no tempo.

Algumas criaram o controle, do controle, do controle e que não controlam nada. Criaram muitos processos para que a empresa funcionasse perfeitamente correta dentro dos corredores da companhia, enquanto lá fora o cliente procurava o concorrente com menos burocracia possível.

Veja a Caixa Econômica *versus Nubank*. A Caixa ainda está de pé, por ser estatal, caso contrário já teria sido engolido e fadado à falência. O que o *Nubank* fez foi encurtar qualquer burocracia, os entraves da operação e reduzir as taxas.

Sendo *online* precisa de menos pessoas, menos recursos. Então as taxas podem ser melhores. Isso foi devido à inovação da tecnologia e, principalmente, pelo *Nubank* ter se preocupado em resolver a verdadeira dor do consumidor.

Ficou mais conveniente. Deixou o cliente sentado no sofá assistindo *Netflix* enquanto o *Nubank* faz a parte burocrática para o correntista. Enquanto isso, bancos tradicionais ainda obrigam o cliente ir à agência para cadastrar uma senha.

Quem vai sobreviver?

Obviamente, quem for mais conveniente.

Outro exemplo é a empresa, conhecida do mercado, por fazer pedidos de comida *online*. A mais famosa e mais queridinha empresa de *delivery* do Brasil. Vamos chamar de Empresa 1.

Essa empresa usa uma plataforma muito bem difundida que muitos clientes têm no celular. E, para o comerciante, cabe a ele receber o pedido e despachar. Simples assim. *Show*, não é?

Essa mesma plataforma cobra 12% sobre seu faturamento bruto e se a plataforma assumir a entrega pode ultrapassar 25%. Ou seja, se o comércio fizer 10 mil reais em venda num fim de semana somente em *delivery* nessa plataforma, já poderia ter a despesa 2500 reais para essa plataforma *online*.

Esse comerciante tem custos fixos, tem energia, tem funcionários, tem manutenções, tem embalagem e etc. Será que essa sobra está sendo vantajosa para o empresário que usa esse tipo de plataforma?

É isso que o empresário ou futuro empresário tem de pensar. Se essa plataforma lhe traz o volume de dinheiro suficiente para cobrir essas despesas e ainda ganhar dinheiro, ótimo. Invista nela.

A estratégia dessa plataforma é excelente, ela é um canal incrivelmente grande e criou um sistema super simples de utilizar. Obviamente que a empresa que necessita dessa tecnologia tem de pagar por isso. Pagar um percentual sobre a venda para ter acesso a esses clientes.

Sim, os clientes são da Empresa 1. As empresas usam a ferramenta e despacham os pedidos. E os clientes ficam nessa plataforma, que é o bem mais precioso de qualquer empresa. O cliente.

Assim como qualquer empresa, após nadar sozinha no mar azul, depois de um tempo aparecem concorrentes. Atualmente já existem outras empresas que, ao ver esse mercado em abundância, fizeram as próprias plataformas para tentar competir com a Empresa 1.

Use a analogia que falamos anteriormente de bens duráveis, aquele cenário anterior, com alta demanda e com poucos fornecedores. Nesse cenário até pode cobrar um valor alto pela solução.

Agora o cenário é outro, ainda tem a demanda e muitos fornecedores, algumas empresas entram na briga por essa fatia com valores menores. As grandes perdem uma fatia e as pequenas ficam brigando por uma migalha para tentar sobreviver. Começa o verdadeiro combate para conquistar o cliente. É nesse momento que empresas podem ter uma ideia diferente.

A empresa Chefware, por exemplo (*www.chefware.com.br*), criou uma plataforma similar à plataforma da Empresa 1. Em vez de cobrar um percentual de 12 a 25% sobre faturamento, ela definiu que será apenas uma mensalidade. Serão 200 reais mensais. Pronto. Se faturar 10 mil reais, serão 200 reais de despesa com o sistema. Se faturar 100 mil, serão os mesmos 200 reais.

Além do mais, os clientes finais que fizerem pedidos na plataforma Chefware, são os clientes do comerciante que comprou a licença e não do criador da plataforma.

Assim, as empresas que adquirirem esse *software* podem fazer as próprias propagandas. Isso é exatamente pensar em como resolver o problema de um cliente. Focar na solução do problema e lucrar de forma recorrente.

Cada empresa tem uma estratégia.

A Empresa 1 quer criar um local único para pedido de comida e ganhando um percentual sobre a venda, mesmo que com essa estratégia talvez esteja matando o comerciante.

A Chefware, prefere ter uma plataforma com um preço justo ao comerciante e dando poder a ele fazer escolha de como buscar os clientes. São dois meios de resolver um problema.

A Chefware definiu no escopo de negócio que cede a plataforma com todas as funções da concorrente com apenas uma mensalidade e ainda o cliente final fica na própria base de dados do contratante do serviço.

Qual é mais vantajoso para o negócio?

É nesse aspecto que as empresas devem se atentar. Em vez de resolver parcialmente o problema de um cliente, entenda a real necessidade do consumidor e resolva por completo. Sempre atendendo o mantra: O produto certo, na quantidade certa, no preço que meu cliente está disposto a pagar e na hora em que ele quiser.

Vamos analisar através de uma planilha.

Empresa 1	Chefware
Comissão de 10 a 12% sobre faturamento.	0% sobre faturamento.
R$ 100,00/mensais, a partir de R$ 1.800,00 de faturamento.	R$ 200,00/mensais.
Cliente é da Empresa 1	Cliente é do comerciante.
Se for entregue pelo *software*, a comissão pode saltar para 27% sobre a venda.	Sem comissão pela entrega.
Sem fidelidade.	Sem fidelidade.
Sistema instalado e nuvem.	Plataforma na nuvem.

| Demais funcionalidades. | Demais funcionalidades. |

Fonte: Elaborado pelo autor.

O resumo disso, é que nem toda tecnologia pode ser vantajosa, ou melhor, pode não ser vantajosa ao cliente final. Pode, na verdade, afastar o cliente ou prejudicar a empresa no quesito finanças.

Pode chegar ao ponto de literalmente estar pagando para trabalhar. Muitas empresas não têm 30% de margem e uma plataforma de pedidos *online* receber a comissão de 27% dessa fatia, fica muito inviável de conseguir administrar o negócio.

Façam as contas... ela não fecha... na verdade vai fechar, vai fechar o negócio desse comerciante. Então, o tipo de inovação a ser usada depende muito do público a ser atingido e também dos custos envolvidos para atingir essa missão.

Depois de entender um pouco sobre inovação e conveniência, chegamos ao ponto crucial desse livro.

O empresário deve ser mais conveniente ou mais inovador?

Qual a regra do jogo hoje é conveniência ou inovação?

A regra do jogo é **conveniência e inovação**. Entender o que realmente o cliente precisa e se tornar mais conveniente. Sempre estar esperto ao movimento tecnológico. O que é feito hoje pode não ser mais aceito daqui a 10 ou 20 meses. Sim. Pode parecer brincadeira, mas não é. A evolução está cada vez mais rápida.

É inovar para se tornar mais conveniente ao consumidor. E, muitas vezes, não é a tecnologia que irá determinar se algo foi inovador. O fato é entender que a tecnologia é o meio e não a raiz de todo o negócio.

A tecnologia tem de ser tratada como tal, como uma ferramenta que ajudará a empresa ser mais conveniente. Escolher a ferramenta que mais lhe atende financeiramente e que mais seja conveniente ao cliente.

Lembre-se de uma coisa importante: os consumidores não querem tecnologia, os consumidores querem resolver um problema. Resolva o problema da forma mais simples possível. Com ou sem tecnologia. A questão é resolver um problema, curar uma dor.

Vou contar mais uma história de minhas andanças de um vendedor apaixonado.

Tem uma empresa que eu visitava frequentemente, que eu achei fascinante a gestão.

Essa empresa detém um produto químico que somente ela e outra concorrente de São Paulo o fazem. Essa companhia que eu visitava detinha, até aquela data, em meados de 2016, um pouco mais de 80% do mercado nacional.

Uma única empresa criou um produto extremamente inovador, que atendia aproximadamente 80% de todas as vendas nacionais. Sozinha. Estava nadando de braçada, no termo popular brasileiro.

Sabe o que essa empresa estava fazendo naquele mesmo ano? Vendendo para o exterior, o leitor deve estar pensando.

Não.

Eles estavam há mais de 10 anos procurando saber qual será o produto mais barato, mais eficiente que o atual. Esse empresário estava pesquisando há 10 anos qual será o produto que irá substituir o próprio produto. Essa empresa quer inventar.

Isso é estar preocupado com o futuro da empresa e onde ela estará nos próximos 10, 20 ou 100 anos. Esse tipo de pensamento que qualquer empresário independentemente do tamanho e idade deveria ter sobre o negócio.

É nisso que o gestor, empresário, proprietário, tem de estar buscando constantemente. Estar pensando no futuro da empresa, do produto, da gestão. É pensar sempre à frente.

Concluímos respondendo a principal pergunta desse livro.

As empresas precisam ser mais convenientes e mais inovadoras.

E assim termina esse livro. Muito obrigado por ter despendido o dinheiro e tempo para ler esse importante material.

Fique tranquilo, não acabou por aqui. Está apenas começando. Pois, daqui pra frente, vamos abordar os conceitos-chave de uma empresa de sucesso, as técnicas e ideias de como uma empresa pode se tornar mais conveniente e mais inovadora.

3 – A jornada do consumidor.

Antes de chegarmos, ao que chamo de os pilares de um negócio de sucesso, terás de conhecer a jornada do consumidor. Se todos os empresários conhecessem a jornada do consumidor, certamente a estatística do SEBRAE seria bem melhor.

Ao conhecer a jornada do consumidor o empresário, ou futuro empresário, poderá entender onde os processos dessa jornada devem ser melhorados.

Garanto, sempre existirá uma maneira mais conveniente de fazer os produtos ou serviços. Sempre. Lembre-se do porquê a *Blockbuster* faliu, sem perceber que o mundo mudava em sua volta.

Gosto de classificar que a jornada do consumidor tem 4 etapas macro.

Claro que essas são as 4 etapas maiores. Cada uma dessas etapas se distribui em várias atividades que irão dizer se o negócio é um negócio campeão ou mais um navegando no mar vermelho da alta concorrência.

Vamos aos 4 pontos principais.

1 – Consciência.

2 – Conhecimento.

3 – Experiência de Compra.

4 – Experiência de Entrega.

3.1 – Consciência.

A consciência é o cliente saber que a empresa existe. Saber a localização do comércio, o que é a empresa, o que a empresa produz ou faz de serviços. É o cliente literalmente saber que ela existe e o que pode prover como solução para o consumidor.

Como informado antes, cada etapa se destrincha em outras atividades. Antes mesmo de o consumidor saber que a empresa existe, a empresa precisa conhecer o cliente a fundo. Conhecendo-o melhor é possível saber qual estratégia a ser usada para atingir a consciência do consumidor.

Faça um exercício que chamo de criar o *Avatar* do consumidor perfeito. Já sabe qual é o perfil do tipo de cliente? Ótimo. Já conclui uma atividade importantíssima do módulo consciência.

Mesmo assim, tenho de abordar para que todos que leiam esse livro estejam literalmente na mesma página. E acredito, por mais que já criou o perfil do cliente, vale a pena fazer esse exercício.

Voltamos ao princípio de qualquer palestra de vendas. É preciso realmente entender o cliente. Não apenas dizer que o conhece. Porque somos especialistas em "achar" o que o consumidor deseja. E nos esquecemos de perguntar, de questionar se realmente estamos atendendo a expectativa do cliente.

Existem várias maneiras de ser visto. Antigamente, as estratégias mais comuns eram grandes fachadas, luminosos, entregar panfleto no semáforo e etc., que ainda é usada de certa forma, mas dá pra fazer mais.

Hoje o cliente precisa receber um *e-mail*, ver uma publicação da empresa no *Facebook*, que o leva para o *site* institucional. Ou ver um *story* no *Instagram,* que leva ao *WhatsApp* de contato.

A prática para ser visto mudou e é preciso entender onde está o cliente. Seja em plataforma *online* ou no meio físico.

Entender onde ele está, para conseguir usar a ferramenta adequada para ele saber que a companhia existe. Para saber como atingir o cliente da forma mais correta possível é preciso entendê-lo. Conhecer os hábitos do cliente.

O cliente usa mais mídia social ou mais o Google?

O cliente é adepto da tecnologia ou é old school?

Qual é a repetitividade de compra do cliente? Semanal? Mensal? Diária?

Façam esses questionamentos, sempre usando o cliente como base. E não o achismo. Fazer essa pesquisa é fundamental, nem que precise pagar alguma cortesia para o cliente, mas entenda realmente o perfil do consumidor.

Porque entendendo, reduzirá drasticamente o investimento para chamar a atenção do consumidor. Será mais assertivo nas decisões de investimento.

Lembra do desapegado?

O desapegado acaba investindo em tudo quanto é plataforma, mas não sabe qual realmente é perfeita para o negócio. E, com isso, os custos *de marketing* são elevados e as margens cada vez menores.

Abaixo vai uma lista de perguntas para conseguir o perfil do cliente. Elas estão aplicáveis para um comércio varejista, mas basta entender o conceito que será possível reformular as perguntas para milhares de tipos de negócios.

Qual a idade?
Qual gênero?
Qual a renda financeira?
Qual o hábito de consumir esse produto? Diário, mensal, anual?
Qual o nível de escolaridade?
Qual a ocupação? (trabalha? estuda?)
Qual o estado civil?
Tem filhos? É melhor ou pior para o negócio?
Localização. Onde mora?
Com quem mora?
Área urbana ou rural?
Por que consome este produto?
Quais são as principais fontes de informação?
Quais as redes sociais favoritas?
O que faz nas horas vagas?
Quem considera um influenciador nas decisões de compra? Ou quais meios de comunicação acessa antes de decidir uma compra?
O que fez escolher essa empresa?
Qual problema levou a procurar essa empresa?
Quais benefícios oferecidos por esses produtos e serviços?

Como ficou sabendo da empresa? Através de que canal?
Com que frequência utiliza os produtos ou serviços?

Essas são algumas perguntas que poderá usar para entender o perfil do cliente.

Em resumo, ao final desse exercício com pesquisas REAIS, a empresa determinará o tipo, o *Avatar* do consumidor. E saberá exatamente onde e como investir.

Após fazer essa atividade, colocá-la em uma planilha de Excel, ou se caso usou o *Google Forms*, já terá o resultado da pesquisa em forma gráfica.

Provavelmente, terá um resultado de um perfil de consumir com detalhes bem específicos.

Vamos pegar, por exemplo, que as médias das respostas desse questionário fossem essas:

Qual a idade?
Entre 20 a 35 anos.

Qual gênero?
80% mulheres, 10% homens, 10% Não informado.

Qual a renda financeira?
Entre 2 mil e 5 mil reais.

Qual o nível de escolaridade?
30% formados. 50% universitários.

Qual a ocupação? (trabalha?)
Dos que trabalham: 60% Trabalham fora. 40% trabalham em casa. Ocupação mais citada: Engenharias.

Qual o estado civil?
80% casadas. 15% solteiras. 5% namorando.

Tem filhos?
70% têm filhos.

Localização. Onde mora?
Bairro X.

Com quem mora?
80% com o parceiro. 20% com pais.

Área urbana ou rural?
90% área urbana.

Por que consome este produto?
Para ficar mais bonita. Por questão de status.

Quais são as principais fontes de informação para buscar esse produto?
Internet.

Quais as redes sociais favoritas?
70% Instagram, 20% TikTok, 10% Facebook.

O que faz nas horas vagas?
Mais votadas: 12% Academia. 8% ir ao cinema.

Quem considera um influenciador nas decisões de compra?
> *Mais votadas: 40% indicação digital influencer, 25% indicação pessoal.*

O que fez escolher a nossa empresa?
> *As propagandas no Instagram.*

Qual problema levou a procurar essa empresa?
> *Praticidade de compra.*

Quais benefícios oferecidos nos produtos e serviços?
> *Qualidade dos produtos e serviços.*

Como ficou sabendo da empresa?
> *Mais votado: Instagram.*

Com que frequência utiliza os produtos?
> *Mensalmente.*

Se este fosse o resultado de uma pesquisa, o quão valiosas seriam essas informações! Com isso saberá exatamente onde devem ser gastos os recursos da companhia para atrair mais clientes ou para saber onde está errando e o que é preciso melhor.

Basta pegar qualquer pergunta dessa e fazer uma análise concreta, precisa e rápida. Se a maioria dos entrevistados, que nesse caso somam 90% das pessoas, informam que acessam o *Instagram* e

TikTok como mídia social preferida, por que diabos iria investir no *Google*, no *Facebook* ou *LinkedIn*?

E assim com as demais perguntas. Vou pegar mais 3 delas para fazer o mesmo exercício de avaliação. Por exemplo, na pergunta *"Quem considera um influenciador nas decisões de compra?"*.

Se mais de 65% das pessoas procuram indicação de um *digital influencer* ou indicação pessoal, por que investir na rádio, ou na televisão, ou em panfleto?

Outra, a pergunta *"O que faz nas horas vagas?"*. Se as mais votadas são academia e ir ao cinema, uma saída é um local de venda ou promoção da marca próximo desses negócios. Ou talvez fazer uma campanha promocional com brindes relacionados a essas atividades de lazer.

Veja, são inúmeras as possibilidades que podem ser retiradas desse tipo de pesquisa, que podem determinar onde devem ser investidos os recursos de *marketing*, ou até mesmo os recursos para criação de um produto ou serviço novo para atender os consumidores.

Sim, essa atividade pode ser levada para buscar um novo produto. O cliente não quer tecnologia, ele quer resolver um problema. Apenas isso.

Ao fazer essa entrevista, pode acontecer de localizar um novo problema, que pode ser desconhecido até mesmo para o consumidor. E a empresa solvendo esse problema, já sai na frente dos demais concorrentes. O que é observado é que as empresas criam produtos e só depois avaliam a aceitação com o mercado.

Com essa pesquisa e o perfil de cliente criado, é possível agora determinar aonde será o "ataque" de divulgação em grande escala, para ser uma opção na consciência e na próxima compra do consumidor. O velho ditado ainda permanece. *"Quem não é visto, não é lembrado".*

Então, é seguir essa linha de raciocínio e mão na massa. Produzir algo especifico para o cliente dessa pesquisa. A dica é que seja feita a pesquisa pessoalmente, pois algumas expressões, posturas só podem ser observadas numa entrevista pessoal. Isso pode contar pontos adicionais nesse questionário.

Quando feito no *Google Forms*, ou qualquer outro meio digital, pode se tornar uma pesquisa fria e até mesmo falsa. É recomendado que seja feito com "olho no olho" e em dupla. Enquanto uma entrevista, outro pode analisar as expressões do entrevistado.

A população de pesquisa sempre vai depender do tamanho do mercado a ser entrevistado. Tentar sempre localizar um nicho de mercado para fazer a pesquisa. Determinar algumas especificações de público que a empresa quer atingir.

Exemplo:

Se a empresa tem alguma grande ideia para o setor carga e descarga no segmento portuário. De nada adianta falar com qualquer pessoa na rua. Terá de procurar pessoas ligadas ao ramo portuário para fazer essa pesquisa.

E a quantidade vai depender do tamanho da população ou do tamanho do mercado que quer atingir. Ao afunilar esse mercado por uma região especifica, como, por exemplo, Santa Catarina, pode observar que terá 30 pessoas especialistas nesse ramo.

Ao conseguir falar com 15 dessas pessoas, já foi entrevistado 50% do mercado a ser abordado. É um excelente número para ajudar a ter uma perspectiva do negócio.

Se talvez o mercado seja muito amplo, tem duas saídas: fazer uma pesquisa com pelo menos 100 pessoas ou afunilar ainda mais o perfil do consumidor.

Com essa pesquisa em mãos, é definir aonde devem ser usados os recursos para fazer a melhor aplicação financeira para a empresa ser uma opção na mente do consumidor.

3.2 – Conhecimento.

Depois da consciência, é a fase de conhecimento. Agora o cliente precisa conhecer os serviços, conhecer os produtos, com um pouco mais aprofundamento e onde pode ser aplicado.

Se realmente a solução atende as necessidades que o consumidor está procurando. Muitas vezes nem o cliente sabe bem o que ele realmente quer. Em alguns casos ele nem sabe ainda a dor que sofre.

É o momento de propagar o conhecimento, sobre os produtos e serviços. E como pode ajudar o consumidor a resolver o problema, resolver aquela dor. Isso pode ser feito através de uma visita técnica, se a empresa vende um produto específico.

Se é uma empresa física, uma loja de ferragens, por exemplo, pode ser através de demonstração do produto. Como o equipamento funciona, para que serviço é aplicado, quais benefícios, quais as economias, como pode render mais faturamento, o quão seguro no manuseio. Localizar os gatilhos de vendas que impressionem o cliente.

Se é um serviço, demonstre a necessidade de fazer aquele serviço com regularidade. Por exemplo, que benefícios irá ter se seguir com uma manutenção preventiva de um equipamento. Ensine o cliente, eduque-o. Quanto mais propagar o conhecimento sobre os serviços e produtos, mais o cliente fica interessado em ouvir.

Exemplo: Uma empresa de ar condicionado, pode fomentar que a limpeza do equipamento pode gerar uma economia de energia e evitar possíveis problemas com o aparelho em pleno verão. Definido o perfil do cliente, pode definir em que canal propagar esse conhecimento.

Já temos empresas que cobram uma mensalidade para verificar e limpar os equipamentos. Como consumidor, reduzo o custo de energia e ganho em tempo. Pois não é preciso parar no meio de um fim de semana para fazer essa limpeza. E além mais, aumenta a vida útil do equipamento.

Claro, que se é um empreendedor tem de passar conhecimento válido, não adianta criar um cenário que o serviço é ideal e depois o consumidor descobrir que não passa de uma informação falsa.

Todo o trabalho de o cliente ter consciência da empresa e conhecimento irá por água abaixo. Deverá usar sempre a verdade e dados plausíveis.

Um dos melhores caminhos para o cliente tomar conhecimento dos produtos ou serviços é dando a oportunidade de ele provar o serviço e/ou produto. As empresas de SAAS (*Software as a Service* – *Software* como um serviço) fazem muito bem isso.

Por exemplo, uma empresa que possui um *software* de gestão. Muitas vezes, essa empresa deixa o cliente utilizar o produto por 30 dias e depois de 30 dias ele decide se vai ficar com o produto/serviço ou não. Se não te agradar pode ser cancelado o serviço normalmente, sem custos.

Sabe-se que é difícil de fazer isso com um produto ou serviço que não seja tecnológico. Mas levando em consideração uma empresa de produtos de limpeza, poderia promover um brinde de um novo produto para limpeza de casa e com uma cartilha, com recomendações de cuidados da casa.

Algo que realmente seja significativo. Que o consumidor enxergue valor nisso. Como no conceito de ar condicionado, se limpá-lo com frequência, diminui o custo de energia e aumenta a vida útil do equipamento.

Ao doar um pequeno brinde com um produto novo, que promete fazer uma limpeza mais rápida, eficiente e com menor custo, fará o cliente ter consciência dessa empresa de limpeza e ainda ter conhecimento dos produtos.

O que pode ser um belo benefício para minha vida ou para minha casa. É isso que o empresariado tem de entender, de nada adianta eu gastar 3 mil reais em panfletos se meu cliente não liga pra isso. É melhor gastar os mesmos 3 mil reais em brindes e um pequeno *folder* com algo que agregue conhecimento dos produtos. Algo que realmente o cliente entenda como valor.

A consciência é mapear o cliente e saber como investir para ele tomar consciência da existência da empresa. O conhecimento, em resumo, é dar uma pitada de conhecimento para gerar confiança nos produtos ou serviços.

Com a pesquisa inicial em mãos é possível saber em qual canal divulgar o conhecimento da empresa. E também alguns fatores que agregarão para enviar aos clientes os benefícios de usar o produto da empresa X e não da empresa Y. As perguntas para criação do perfil podem ser aquelas e podem ser criadas outras. A ideia é que entenda o conceito de como fazer o *Avatar* do consumidor.

Para gerar conhecimento ao consumidor, é preciso fazer uma pesquisa interna da empresa, perante o mercado que ela atua. É realmente entender quais os prós e quais os contras a empresa tem no mercado. Agora ainda pode ser feito mais um exercício para definir como propagar esse conhecimento.

> *Por que o produto da empresa X vende mais que a concorrência? Quais os diferenciais?*
> *Qual problema o produto ou serviço resolve?*
> *O consumidor sabe como usar o produto ou serviço da forma correta?*
> *Quais são os três maiores benefícios que o produto ou serviço da concorrência pode fornecer?*

Quais são os três maiores benefícios do produto ou serviço o cliente enxerga?

Essas são apenas algumas perguntas para criar o conceito de conhecimento. Podem ser criadas outras para melhorar a experiência do cliente ao conhecer os produtos da empresa, ao questionar os diferenciais da empresa com a concorrência. E porque uma vende mais que a outra.

Já deixa claro que está buscando entender o consumidor e como criar uma conexão de conhecimento com ele.

Muitas vezes, os produtos são tão bons quanto a concorrência, porém é expressado de uma maneira que o cliente não enxerga o valor. Talvez não se recorde da propaganda da Nissan *Frontier*. Caso não lembre, acesse o *YouTube* e entenda o que quero dizer.

Nessa propaganda a Nissan informa que os carros da concorrência usam "Pôneis Malditos" com a alusão que os dela são "Cavalos", que são muitos melhores. Temos certeza que as concorrentes Toyota, Mitsubishi, Honda, VW, Ford, Chevrolet também têm um carro igual ou até melhor que os da Nissan. Mas muitos clientes começaram a duvidar dos tais "Pôneis Malditos".

Recomendo evitar esse tipo de propaganda, mesmo que seja engraçada, pois podem prejudicar a imagem da empresa. Ninguém gosta de ver outra pessoa ou empresa sendo difamada. É como se fosse um *Bullying* Empresarial e ainda podendo receber alguns processos pela ocasião.

A ideia aqui é conhecer os diferenciais da empresa e propagar em uma maneira de conhecimento para o consumidor. O princípio de tudo é qual o problema, qual a dor que é resolvida usando esse produto/serviço e não o da concorrência.

Buscar entender no âmago, na intimidade, quais são os diferenciais e qual o problema a ser resolvido. E depois propagar aos 4 ventos a solução. Pontue quais são os três gatilhos de venda do produto de maior venda. E confronte com os 3 maiores motivos que o cliente compra. Às vezes, poderá ter uma surpresa incrível, que essas informações não casam.

E, nesse caso, é preciso entender se é melhor focar no que o cliente observa como benefício ou como deverá treinar o cliente para entender o outro benefício que alega ser importantíssimo.

Pegue o caso da Bombril, uma simples lã de aço que perdura no mercado há quase um século, com o *slogan* de *"mil e uma utilidades"*. A empresa divulgava um conhecimento ao cliente que a lã de aço poderia ser usada para mais de mil e uma utilidades, isso é gerar conhecimento ao cliente.

Muitas empresas agora adotam *blogs* ou vídeo aulas no *YouTube* para falar do uso dos produtos e serviços. E veja que interessante a tecnologia: elimina empregos e cria novos empregos.

Hoje existe uma pessoa dedica a gerar conteúdo *online*. É o analista de conteúdo digital ou analista de mídias sociais. O fato é distribuir um pouco de conhecimento para o consumidor final. Não faça propaganda somente para a venda. Gere um interesse genuíno para o cliente buscar o produto.

A venda será uma conclusão se fizer a parte de consciência e de conhecimento com maestria.

3.3 – Experiência de compra.

Aqui entra o processo de compra. É a trilha que o cliente precisa seguir para conseguir comprar o produto ou serviço da empresa.

Como ele poderá comprar? É através de *site*, de um aplicativo, de um vendedor que vai até o cliente? Como é esse contato? Por telefone, *WhatsApp*, *e-mail*? E as condições de pagamento? Pode ser a prazo, pelo cartão de crédito, débito automático?

É pensar na agilidade de onde o consumidor pode ser atendido. O orçamento pode ser por *e-mail*? Pode ser por *Whats*? Por telefone? Como fazer o cadastro do consumidor?

Nesse caso, é analisar os processos da experiência de compra e de como ela é processada internamente. É rápida? Ou é travada por inúmeros processos internos?

Limpe esses processos, torne-os menores. Mais rápidos. De preferência que seja sistêmico. A tecnologia não pode ser o negócio da empresa, a tecnologia tem de ser o meio, que faz as coisas fluírem mais rápidas e cômodas para ambas as partes. De nada adianta um processo interno ser uma maravilha se é um inferno para o cliente fazer a compra.

Desde a entrada do pedido até a expedição, as atividades têm de fluir corretamente, sem entraves. Se promete que a análise de cadastro do cliente é feita em 24 horas, atenda dentro das 24 horas. Não adianta dizer uma coisa e entregar outra. É melhor atender dentro do prazo do que ficar enrolando o consumidor.

É claro que, se a concorrência analisa antes de 24h e a empresa em uma semana, já pode considerar que essa empresa tem algo de errado e precisa analisar esses processos, fazer uma análise no detalhe e saber o que está errado.

Nenhum cliente, por mais que o produto seja ótimo, o atendimento seja de excelência, o preço seja bom, ficará comprando sempre dessa empresa. Porque, cedo ou tarde, entrará outro concorrente, que terá essas mesmas condições e com uma agilidade maior que a essa atual. É cíclico, deve ser avaliado constantemente.

É uma luta constante, se a empresa atual já é a melhor nos 4 pontos do mantra que foi citado. Ter o produto certo, na quantidade certa, no preço que o cliente está disposto a pagar e na hora certa. Ótimo. É necessário continuar fazendo esse exercício de olhar para dentro da empresa e se perguntar, aonde ainda pode ser melhorado. É esse o espírito de um empreendimento de sucesso, sempre estar buscando um novo patamar.

Agora, se a empresa não está com isso arredondado, certamente não existe um bom líder e precisa correr atrás desse atraso. E não se preocupe, pelas andanças e consultorias prestadas, poucas empresas estão nesse patamar de perfeição.

Ainda dá tempo, mas é preciso ser agora. Use a #TBC diariamente e faça. (TBC – Tire a Bunda da Cadeira).

3.4 – Experiência de entrega.

E finalmente a entrega. Muitos aqui pecam pelo fato de achar que, feito o pedido ao cliente, agora é com a transportadora. Ou agora é com o motoboy.

Uns pensam até no ponto de que lavam as mãos e dizem:

"Já saiu de minha alçada".

Alguns gerentes chegam a falar isso, passam a bola e dizem que agora é com o departamento de logística.

É um erro pensar dessa forma. Algumas empresas são separadas por departamentos. Quando essas companhias se tornam grandes, o dono da empresa não consegue estar em todos os cantos e ele, por sua vez, também não se preparou para treinar as pessoas para resolver os problemas ou para ter aquela mesma cultura de dono, que somente ele tem.

Aquela expressão que "Os olhos do dono que engordam o gado"? É extremamente verdadeira, porque o dono chegou onde está, porque muitas vezes trabalhou em todos os departamentos. E conhece bem como cada engrenagem e sabe como tratar o cliente da maneira que ele gostaria de ser atendido. Esse dono de empresa realmente usa a #TBC diariamente e vai resolver.

Quando essa empresa se tornar grande, ela precisa buscar mais pessoas. O que é o normal, pois as empresas são movidas por pessoas. Quem crê que a tecnologia vai mover as companhias está completamente errado.

A tecnologia é uma ferramenta que pode te acelerar, gerar relatórios importantes para tomada de decisão. Mas quem decide é um ser humano.

Volto a repetir: a tecnologia é uma ferramenta e deve ser tratada como tal. A tecnologia é o meio de a empresa ser competitiva, ágil, assertiva. São as pessoas que levam a empresa ao sucesso ou à falência. Nunca a tecnologia.

Então, esse proprietário se torna um CEO ou um diretor e ele precisa de ajuda para manter toda essa engrenagem rodando. Ele contrata os melhores, mas não consegue transmitir a essência da empresa.

Ou acaba literalmente largando o melhor vendedor na gestão comercial. Muitas vezes esse ótimo vendedor é excelente em vendas, mas não tem capacidade técnica de gestão necessária e nem quer essa atividade, pois vê o chefe pilhado de trabalho. Esse vendedor prefere estar lá, frente a frente com o cliente, que é o que ele sabe fazer de melhor e faz com maestria.

Então essas empresas que se tornam maiores, acabam tendo cada departamento defendendo o próprio número. Logo os departamentos começam a ter aquele perfil de subempresa. Sim. É uma empresa dentro de outra. Existe a empresa e cada departamento é uma subempresa defendendo o próprio cantinho.

O departamento de produção busca reduzir o tempo de produção, o custo do produto a todo custo porque o gerente de produção está no encalço do supervisor de produção.

O que é ótimo, se o tempo de produção estiver reduzido ou o custo de produção, elimina a probabilidade de falta de produto e as margens serão maiores.

E do outro lado, está o departamento de logística brigando com as vendas, que não vende o produto e os estoques estão aumentando porque a produção está cada vez mais rápida.

O departamento de vendas briga para manter os números em alta, mas reclama que o *marketing* não promove os produtos da maneira que o cliente quer e/ou reclama que o departamento financeiro exige muitos documentos para análise de crédito daquele cliente e demora demais na análise.

Os marqueteiros reclamam da engenharia de produção porque eles precisam fazer alterações solicitadas pelo departamento de vendas e dos estudos que fizeram do mercado. E a engenharia de produção se esquiva, por que isso vai manchar o lindo indicador de produção, que está ótimo por sinal.

O financeiro também reclama do departamento de vendas que quer vender para qualquer um, sem análise e quer correr o risco de mercado de receber calote. E, enquanto isso, os indicadores estão maravilhosos.

É leão comendo leão, literalmente.

E esquecem que a essência de qualquer empresa é o cliente. Se o consumidor não for atendido com o produto certo, na quantidade certa, no preço que ele está disposto a pagar e na hora que é necessitado, não existe pedido.

Sem o pedido, não tem a venda. Logo, não tem terá faturamento, sem o faturamento não precisa de departamento financeiro, não precisa da equipe de expedição, não precisa de recebimento, não precisa mais da empresa.

Os departamentos esquecem que, sem a venda não existe a empresa. Insistem em elaborar inúmeros procedimentos internos que travam a venda, mas deixa o departamento interno redondinho com todos os KPIs sendo atendidos conforme a gerência.

> KPI: Da tradução livre de Key Performance Indicator. É um indicador da performance do setor. Exemplo: a empresa pode ter um KPI de margem e monitorar através de um indicador da meta mensal com o que está sendo vendido no momento.

O empreendedor ou o profissional, já deve ter visto inúmeras discussões, em reuniões de departamento, com cada um defendendo o próprio setor. E esquecem a fonte principal de toda a receita. O cliente.

É típico, chega um auditor e faz aquela limpa e não encontra nenhuma inconformidade no departamento fiscal. O gestor fiscal bate no peito e fala: "O departamento financeiro está 100% conforme".

Esquece que, naquele mesmo ano de 100% de conformidade na área fiscal, as vendas caíram 20%. E culpam exclusivamente o departamento de vendas. As empresas, os empresários, os profissionais, precisam entender que sem vendas, sem empresa. Simples assim.

E os departamentos têm de conversar entre si para resolver essas pendências. Nesse caso, entra aqui a técnica de *Costumer Success*.

> *Costumer Success: Da tradução livre, Sucesso do Cliente. É um departamento muitas vezes criado para entender como o consumidor pode ter sucesso ao usar os produtos dessa empresa. É o elo entre ouvir o consumidor e traduzir pra dentro da empresa.*

É um tema extremamente importante que, em resumo é resolver essa lacuna de comunicação entre essas "subempresas".

Voltando ao termo de entrega. Quando é falado de entrega, vem em mente a questão logística, esse realmente é o cerne da questão. Porém, vai além disso, pois aqui entra o *marketing*, com a embalagem bonita. Aqui entra a logística para determinar a melhor rota, a melhor locação para poupar espaço na carga.

Engloba o departamento fiscal entender qual a melhor operação para poupar despesas tributárias e o pós-venda interagindo com o cliente após a compra para saber se atendeu a expectativa do consumidor.

O que mais acontece, é que as empresas vão até o ponto da venda e criam um departamento de pós-venda que deve resolver qualquer encrenca que acontecer. Tratam o departamento de pós-venda como um setor que só gera despesa.

Um gerente esperto tornaria o pós-venda uma fonte de renda e também um excelente canal para saber como está o produto perante a concorrência e mercado. Porém, o mais comum é largarem na mão do pós-venda e se der qualquer coisa errada, o departamento SAC se resolve com o cliente. E se ainda não resolverem, o problema é do gerente de pós-venda, que é muito ruim. Troca o gerente.

Que erro, é na entrega, o último estágio da compra que irá determinar se vai continuar comprando com a empresa ou não.

Fazendo esses quatro pontos com maestria e perfeição irá fidelizar a marca a tal ponto que o comprador sempre recorrerá à empresa no primeiro pensamento de compra desse tipo de produto ou serviço.

Certamente o consumidor nem abrirá margem pra a concorrência. Porque será fiel à marca. Tendo isso com maestria é bem capaz que o cliente, mesmo encontrando um produto melhor ou com condições melhores, ele abrirá isso para a empresa, antes mesmo trocar, para saber se é possível essa empresa em que ele tem um carinho adicional pode chegar nessas mesmas condições.

No que tudo isso se resume?

Na jornada do consumidor.

Desde ter a consciência que a empresa existe, com as propagandas direcionadas e assertiva para o tipo de público que deseja conquistar.

Depois, fazendo com que o cliente conheça os produtos e serviços, seja através de *blog*, brindes, experiência com o produto/serviço. Em seguida, passar pelo processo de compras e/ou negociação. Sendo fácil, sem entraves, que o consumidor resolva a compra em poucos cliques ou num processo de compra tranquila.

E, finalmente, receber o produto. É uma trajetória, uma experiência que pode ser muito boa e fidelizar o cliente ou muito traumática e fazer o consumidor nunca mais ligar para essa empresa.

Essa é a jornada do cliente.

Parece fácil quando citado no livro, não é verdade? É provável que o leitor consiga lembrar alguma experiência traumática ou maravilhosa que já teve com alguma empresa.

Como é filosofia do livro, existe um exemplo sobre esse conceito de jornada do consumidor. Será citado uma experiência traumatizante e na sequência a empresa de mesmo segmento, que surpreendeu fantasticamente.

4 – Minha jornada como cliente.

A história é a seguinte, eu precisava fazer a compra de uma casinha de cachorro e a ração para meu futuro cachorro. Ele seria adotado em breve, estava no processo de recuperação em uma veterinária. Tínhamos pelo menos um mês para fazer os preparativos.

Não vou citar nomes aqui, porque essa empresa é um conglomerado no ramo de *pet shop*.

Vamos à experiência...

Primeiro essa empresa fez um ter consciência da existência dela. Uma grande companhia de *pet shop* de São Paulo estava vindo para Joinville. Eu e minha esposa ficamos entusiasmados.

Joinville, por mais que seja a maior do estado de Santa Catarina, ainda é uma cidade relativamente pequena para ter um *home center* só para cachorro. Achamos sensacional. Logo, tive a consciência dessa empresa, pelo porte dela, por ela estar em todas as mídias sociais da cidade.

Essa mesma empresa fez um ter consciência, mas não recebi nada de conhecimento dela. Por ser muito grande, essa parte ficou obscura, o que é um erro. Essa empresa poderia me surpreender com algo fenomenal. Ainda mais que eu seria pai de primeira viagem, nunca tive cachorro.

Quando fui comprar ração para meu cachorro, o Tunico, eu passei o inferno para fazer as compras que precisava. Eu estava a ponto de dizer, chega! O Tunico comerá o resto de comida do almoço e não vou mais naquela loja onde eu passo um inferno para ser atendido. Veja isso, eu não deveria me estressar na compra de uma ração para essa "carinha".

Fonte: Arquivo pessoal

Bom, para começar, eu precisava conhecer os produtos que haveria na loja de Joinville. Lembra que falamos que o cliente já chega com a metade de informação sobre a empresa antes mesmo de comprar?

Como um bom consumidor e pelo porte dessa empresa, busquei nas mídias sociais e me inscrevi para receber *links*, promoções e acesso ao *site* dessa empresa.

Fui ao *Google* para sondar como estava o preço das casinhas de cachorro e das rações. Realmente, a do *site* dessa mesma empresa nos agradava e ainda essa empresa permitia comprar pela *web* e poderia ser retirado na loja.

Achamos sensacional, porque eu trabalhava próximo dessa loja e poderia passar ali para pegar no horário de almoço. Então poderia fazer a coleta sem problemas, bastava esperar as duas semanas de prazo, que era um prazo considerável, pois nosso cachorro ainda estava por vir, estava em tratamento em Curitiba.

Passadas as duas semanas, na verdade 16 dias, consultamos no *website*, pois o cachorro chegava naquele próximo domingo e a casinha ainda estava em deslocamento.

Ficamos chateados, pois poderíamos ter comprado da agropecuária aqui do lado. Era um pouco mais cara, mas já estava conosco e nosso cachorro não haveria de dormir na varanda, no frio.

Pagamos o preço pela nossa mesquice, foi o que pensamos. O que está errado. Eu paguei para ter o produto em 14 dias e já havia se passado 16 dias e ainda nem chegou ao destino de coleta. Veja como, às vezes, o cliente ainda se culpa pela incompetência das empresas.

Sabe por que isso?

Porque criamos culturalmente que é normal o atraso. Tente fazer isso nos EUA, dependendo das empresas e produtos que comercializam certamente podem ser processadas.

Aqui no Brasil "dá trabalho processar". Por isso que algumas empresas fazem pouco caso. Já as que se preocupam com a jornada do cliente, ganham cada vez mais clientes, enquanto outras permanecem capengas ou ainda são até extintas do mercado.

Finalmente saiu a informação da chegada do item, passados exatos 22 dias. Lá fui eu coletar a casinha e já comprar a ração que está acabando. Eu gosto do meu cachorro. Mas fui criado na minha infância que cachorro come a sobra do almoço. Agora existe ração de picanha, beliscos de costela, ração *premium, master, power, blaster*.

Certamente iria precisar de ajuda para decidir qual ração comprar. Logo, essa etapa seria a de "conhecimento", já que a empresa não me deu anteriormente, poderia me surpreender quando chegasse à loja para comprar. Veio então a parte de experiência de compra, que foi um verdadeiro "parto". Começando pelo estacionamento.

Essa empresa tem um estacionamento na frente, que por ser uma empresa nova na cidade, sempre estava lotado. Também tem um estacionamento lateral, mas não existe nenhuma indicação para o consumidor. Fui saber somente depois dessa visita.

Tive de parar na loja vizinha e pedir para deixar meu carro ali só para coletar uma casinha de cachorro. Claro que o comerciante da loja ao lado ficou fulo da vida, pois estava tomando uma vaga de um possível comprador.

E eu sabia disso. Mas como um bom ser humano, queria testar a generosidade do homem naquele momento, para o meu benefício. Mas veja, eu me estressei e ainda tive de estressar outra pessoa. Olha que absurdo!

Passando por essa experiência de chegar lá, quando entro, vejo três pessoas numa loja de uns 700 metros quadrados. Uma no caixa, uma no salão de vendas e outra no banho e tosa. Como a de banho e tosa estava mais perto da porta, fui até ela.

Eu questionei onde é que conseguiria coletar um item que comprei na *internet*. E a atendente nem me deixou terminar. Me informou que a funcionária responsável por esse atendimento estava fazendo a "hora do café".

Sim. Eu cliente, com carro parado onde não deveria, eu era culpado por chegar à empresa que comprei a casinha de cachorro pela *internet*, era culpado de chegar no momento do café da funcionária responsável.

Eu era culpado por aquele incômodo. A atendente me pede para esperar e eu, como gosto dessa área de vendas, aproveito para estudar esse caso na ótica de consumidor, escritor e empresário, pois acredito que alguma coisa eu vou tirar de lição desse inferno de experiência. Nem que seja para nunca mais voltar.

A funcionária que estava no período do café retorna, exatamente após 6 minutos. Eu explico para essa colaboradora que minha esposa comprou uma casinha no *site* desta empresa, eu mostro o pedido no meu celular, na própria página do *site* desse empreendimento.

A atendente se nega, devido ao procedimento da empresa é entregar somente para o responsável pela compra.

Mesmo eu mostrando a página que eu estava acessando, com a senha que somente eu e minha esposa teríamos acesso, para demonstrar que eu tinha a senha, o pedido, o CPF cadastrado. Tudo o que ela pudesse confirmar.

Mesmo assim, estava difícil, a atendente não queria ceder. Eu, como bom brasileiro que não desiste nunca, cheguei a pedir que se fosse necessário eu ligaria para minha mulher para ela confirmar todos os dados necessários.

Então a atendente aceita essa proposta. Mas informa que sai de todos os padrões da companhia. Sim, eu cliente novamente era culpado de achar uma solução mais rápida para conseguir comprar dessa empresa "incrivelmente correta".

Veja o absurdo. Eu estava sendo o cliente chato que só queria comprar a casinha e ração para meu cachorro num *pet shop*.

Mesmo assim eu insisto para comprar o produto dessa empresa, pois não quero perder mais tempo, tendo que ir a outro lugar para comprar a ração. Se eu não tivesse de retirar a casinha, certamente eu teria ido embora dessa empresa.

Liguei para minha esposa, confirmamos os dados, que eram todos os dados que eu tinha mostrado em meu celular. Mas a atendente não acreditou, ela precisou ouvir outra pessoa, no outro lado da linha telefônica, acessando a mesma página que estava aberta no celular, para confirmar os dados.

Entende o tamanho do absurdo que essa empresa faz?

Se realmente eu quisesse dar um golpe, eu teria combinado com a pessoa do outro lado para apenas confirmar os mesmos dados sigilosos, que estavam salvos por senhas que apenas eu e minha mulher tínhamos acesso. Loucura, certo?

Depois de toda essa novela, foi concluído o pedido e poderia ser coletado. Sim, já se passavam mais de 15 minutos. Certo disso, eu me desloco até outro ponto da loja para coletar, outra pessoa me ajuda. E pega a mercadoria, dentro de um armário gigante com fechamento a cadeado.

A nova atendente confere o produto, o número da NF, confere o pedido, confere o nome e observa que o nome da NF está em um nome de mulher e quem está retirando é um homem. Então ela me informa:

"Mas, Sr. Aqui está Larissa. Eu não posso entregar ao Sr".

Eu, aquele cliente criador de confusão que queria apenas comprar um produto e ir embora. Em outras linhas, pagar uma fração do salário daquelas pessoas. Eu respiro, eu explico novamente o ocorrido.

A nova atendente, obviamente, não confiava num cara bem trajado, com o pedido no celular na própria página da *web* da empresa que ela representava, com o *WhatsApp* da esposa, informando que poderia coletar e confirmando os dados através das mensagens e áudios.

Então, mesmo assim, liga para a primeira pessoa que me atendeu para confirma novamente a história e se realmente poderia entregar a mercadoria. Há de convir comigo que estava sendo uma experiência "sensacionalmente ridícula" de compra. E eu nem tinha chegado na compra da ração ainda.

Eu mentalizo a carinha do meu cachorro na minha mente para não afogar a atendente num pacote de ração. Mas eu tinha uma missão a fazer, coletar a casinha e comprar a ração.

Eu estava a ponto de desistir, mas lembrei que esse ser "humaninho" dependia de mim. Questionei a atendente, que me entrega a NF e a casinha, se podia me ajudar com a compra da ração. Informo que o peso do animal é 30 quilos e come ração sem corante. Era tudo que eu sabia.

E vem uma bela surpresa, ela me informa que ali é apenas o balcão de retirada de pedidos pela *internet* e a função caixa. Para fazer compras pode usar uma das pessoas da área de vendas. Eu deveria aguardar que em breve uma das atendentes iria ajudar, porque nesse momento ela estava no período de café.

É claro que pode imaginar a minha cara. Eu queria muito, mas muito, tomar esse café. Porque deve ser delicioso. Todos param para tomar o maldito café. Volto a dizer, eu era apenas o cliente querendo comprar, pagar uma pequena fração do salário de todos que estavam ali naquela noite.

Obviamente que eu a deixei ali e fui para o corredor de ração sozinho. Estou ali vendo, ração *master*, ração *premium* com filé, ração *premium* sem corante, ração *power blaster*. Uma infinidade de embalagens, cores e benefícios para o animalzinho e uma diferente da outra.

E tinha que ficar buscando se era para o tamanho do cão, se tem corante, se tem conservantes, se tem milho e etc. Eu perco um certo tempo com isso.

Observe a oportunidade que essa empresa perdeu de me impressionar. Se houvesse um profissional qualificado, com o conhecimento, para realmente me deixar impressionado. Eu até iria esquecer a infelicidade que foi para retirar a casinha de cachorro e certamente faria voltar a fazer compra nessa empresa.

Perderam a oportunidade de me surpreender a eliminar a experiência ruim inicial. Se tivesse um atendimento especial me fornecendo o conhecimento, certamente poderia driblar aquela péssima experiência.

Como queria ir logo embora e não voltar nunca mais, peguei o maior pacote ração que tinha. Dava um belo desconto. Eu, não querendo me sujar, vejo que um pacote de 20 kg fará eu me sujar. Fora que era uma distância considerável.

Tive de ir até a frente da loja, pegar o carrinho e voltar para o setor de rações. Colocar o saco no carrinho e ir em direção ao caixa. No caixa, a atendente pede para que eu erga o saco para ela conseguir escanear o código de barra. Lá vou eu, erguer o saco de 20 kg de um lado para o outro até achar o código de barras e conseguir pagar.

Lembre-se que eu mantinha duas coisas na minha cabeça. A primeira era, eu preciso dessa experiência para usar nos meus estudos e até mesmo no meu livro e a segunda era, eu tenho o animalzinho que precisa de mim. Que já estava quase entrando nas listas de doação de cachorro do bairro.

Continuando a minha jornada do consumidor.

Para finalizar que, nesse caso, vamos considerar como entrega, a parte pós-compra e pagamento. Eu pego o carrinho para sair da loja e já na saída ele emperra porque o piso é irregular. Nesse caso tenho de abandonar o carrinho. Carregar os 20 kg de ração e me sujar até onde o carro estava estacionado.

Voltar, pegar a casinha e voltar para o carro. Agradecer ao lojista vizinho que deveria me odiar pelo resto da vida, pois de cinco minutos, essa experiência, tomou quase uma hora do estacionamento do comércio local.

E mais ainda, a vaga ficou uma hora preenchida por um cliente que não ia comprar nem um parafuso. Essa vaga poderia ser do cliente que geraria algum lucro para essa empresa.

Obviamente que saí desse pet shop consternado. E já adiantei para minha mulher que nunca mais pisaria nessa empresa. Que iríamos procurar outro lugar para fazer as compras, nem que fosse para voltar a comprar na agropecuária local, do lado de casa.

Essa agropecuária não tinha todos os produtos que queríamos, novidades e as condições que queríamos ser atendidos. Mas passar por isso tudo, uma ou duas vezes por mês estava fora de cogitação. Estava decidido.

Agora analise comigo, uma empresa grande, um *home center* para cachorro na cidade, perdeu um cliente novo, já na primeira compra, para o comércio local. Mesmo esse comércio local não tendo todos os produtos, novidades e preço que desejava. Tudo por ser inconveniente para o consumidor.

Entende aonde quero chegar? Que muitas vezes a conveniência será fator decisivo na compra ou fidelização do cliente. Isso pode ser em vários segmentos. E independe do tamanho.

Concorda que poderia ser diferente? Certo?

Agora para resumir, eu quero dizer que eu não compro nem desse *home center* e nem da agropecuária local do meu bairro. Uma outra empresa me surpreendeu. Vou descrever como ela me surpreendeu.

Criaram a jornada do cliente de uma maneira suave e da forma que eu queria ser atendido. Alguns podem pensar que localizei uma empresa que atende somente pela *internet*. Uma que seja similar a pedir comida, prático e rápido.

Sim exatamente, simples e rápido. Porém, a tecnologia está aonde ela deveria estar, no meio do processo, e não no produto final dessa empresa. Como prometido, vou usar como um belo exemplo, na verdade, uma bela experiência que tive e quero compartilhar.

Se tem ou pretende ter um pet shop ou agropecuária, vou dar uma sacada, sem custo de consultoria. Basta entender com essa experiência e com todos os conceitos que já leu e transpor para o negócio.

Essa empresa me surpreendeu incrivelmente. E vou mostrar a ideia na forma de *storytelling*. Como podem observar, gosto de usar esta técnica de "contar uma história".

> *Storytelling: Tradução livre de contar história. É uma maneira de criar conexão com o leitor criando uma história sobre o tema apresentado.*

Primeiro essa empresa fez o belo trabalho de pesquisar, para saber quais as pessoas que tinham cachorro na região e o perfil de cada cliente, para aí sim, focar na estratégia de gerar a consciência dos clientes que essa empresa existia.

Essa empresa simplesmente pagou para uma garotada, dessas que entregam panfletos em bairro, para que, em cada casa que localizasse um cachorro ou gato ou qualquer animal, colocasse o folheto e um brinde na caixa de correios do futuro cliente.

Essa empresa descobriu que eu tinha cachorro. Então, em um belo domingo de sol, bem cedo, o garoto de entrega joga dentro do terreno um saquinho com um belisco para cachorro e um cartão de um serviço com o número para tele entrega de ração.

Como eu gosto de inovação e tecnologia, considerei uma atitude fantástica. Havia a descrição do belisco, o que era, do que era feito, para evitar qualquer problema a animais com alguma restrição. E até uma orientação de uma brincadeira a fazer com o ser humaninho. Sensacional, certo?

Eu e minha esposa achamos sensacional, pois não pedimos nada. E já ganhamos uma demonstração grátis. Nesse caso, tomamos consciência da empresa. Além disso, ela já nos forneceu conhecimento, ela passou uma brincadeira para fazer com nosso bichano.

Passamos pelo nível de consciência. Agora sabemos que existe uma empresa com esse serviço localmente. E me deu conhecimento, uma brincadeira a fazer com meu cão e um brinde ainda, um petisco delicioso para o animalzinho.

Passaram-se algumas semanas, a ração estava por finalizar e resolvemos experimentar o serviço. Essa empresa informava no cartão que poderia atender tudo pelo aplicativo *WhatsApp*. Mandamos uma mensagem informando que precisávamos de uma ração específica.

Praticamente uma nutricionista de cão nos deu uma aula e definiu quais das rações são mais adequadas, quantidade que deveria dar ao cão, porque uma é um valor e outra ração tem outro valor.

Essa companhia me deu mais conhecimento, eu criei uma empatia pela empresa, estão me tratando como um cliente e não apenas um CPF que paga as contas. Foi fantástico, isso tudo enquanto eu e minha esposa assistíamos *Netflix*.

Veja não falei série ou filmes, falei *Netflix*. Eu considero fantástico como algumas empresas criam um novo vocabulário. Minha esposa e a empresa estavam conversando por volta das 20h. Sim, já passava do horário trivial comercial, eram 20h.

Vamos em frente. Decidimos que iríamos testar, já havia passado do nível de consciência e de conhecimento. Mas agora a viria a experiência de compra. Aquele medo de sofrer de novo. Eu mentalizava essa carinha.

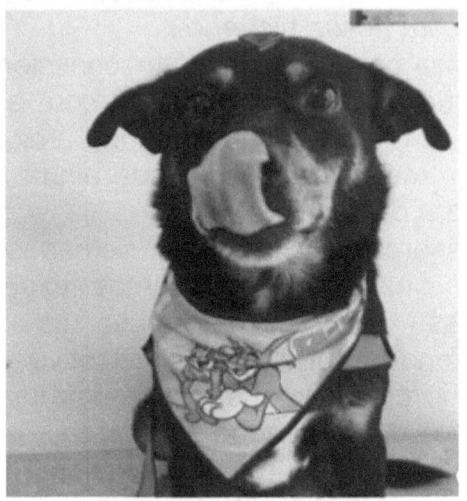

Fonte: Arquivo pessoal

Para evitar qualquer frustração premeditada, fomos perguntando como seria o processo de compra. A atendente, do outro lado, nos informa que pode ser no dinheiro e/ou no cartão e a entrega é em domicilio, sem custo.

Para testar ainda mais a capacidade deles, tínhamos um *folder* da agropecuária do local. No cartão de visita dessa mesma empresa espetacular, estava a informação,

"*Cobrimos qualquer orçamento*".

Mandamos a imagem se eles realmente podiam cobrir o preço da concorrência local. E a mensagem seguinte.

"*Com certeza! Está feito*".

Chegamos à conclusão que podia pedir e que eles entregassem o mais breve possível. Que imaginávamos ser no dia letivo seguinte. Para a surpresa, ela questiona se gostaríamos de receber hoje ainda ou se poderia ser na manhã seguinte.
 Eram 8 horas da noite! Claro que podia ser na manhã seguinte. Até ficamos surpresos que seria no dia seguinte, porque o dia seguinte era domingo.
 Passamos pela etapa de consciência que foi muito boa, pela etapa de conhecimento e agora estávamos tendo uma experiência de compra fantástica. Para fechar com chave de ouro, a experiência de entrega teria de ser perfeita.
 No dia seguinte, que era domingo, no período da manhã, um motoboy aparece em nossa casa. Retira os produtos do baú, puxa a máquina para fazermos o pagamento. Pegamos a ração. E junto, novamente um petisco agradecendo a preferência e falando sobre os outros produtos que disponibilizam

que era banho e tosa e com o serviço de táxi para cachorros.

E ainda um lindo cartão com uma mensagem escrita à mão. Agradecendo a preferência e colocando à disposição para os demais serviços. No verso ainda uma observação de como conservar melhor a ração do cachorro.

Agora, fazendo a comparação dessa pequena empresa local com o *home center* para cachorro. Em qual dessas empresas compraria os produtos e serviços?

Aonde acham que o meu ser humaninho está indo para fazer o banho e tosa?

Alguns podem me perguntar que, certamente eu devo estar pagando um valor adicional para esses produtos e serviços.

Fazendo uma análise rápida. A ração eu paguei pelo preço de onde eu costumava comprar, ou seja, o mesmo valor. E por 55 reais eles buscam meu cachorro fedido e trazem ele cheirosinho. Eu não acho nada caro.

Vale lembrar que essa empresa é pequena. O aluguel é menor, são menos funcionários. Parte do processo é tudo via sistema. Logo, os custos são baixos e a ideia é sempre ganhar no volume e mantendo a qualidade. Essa empresa conseguiu. Ter um preço competitivo com uma qualidade, na jornada do cliente fenomenal.

Volto a repetir aquele mantra. Porque se o leitor terminar esse livro e conseguir armazenar esse mantra na cabeça, certamente se tornará um profissional melhor ou um empresário melhor.

Essa empresa me atende com o produto que eu preciso, na quantidade que eu preciso, no preço que estou disposto a pagar e na hora que eu preciso. Isso tem de ficar marcado no cerebelo do leitor.

Se ao terminar esse livro, ficar pensando nesse mantra continuamente, ou chegando ao ponto de estar repetindo isso na mente agora, eu já terei minha missão cumprida com esse livro.

Se o leitor se pegar voltando para o parágrafo anterior e repetindo o mantra, fique tranquilo, porque está perfeitamente no caminho certo. A empresa ou o profissional irá prosperar. Acredite.

SENSACIONAL o que essa empresa fez! Alguma dúvida, que quando precisar eu vou apenas mandar uma mensagem e resolver? Eu eliminei me deslocar até o *home center*, eu eliminei perder uma hora da minha vida todos os meses para comprar ração.

Essa empresa, em vez de vender o produto, ela vendeu o fato de eu eliminar um monte de estresse e perda de tempo na minha vida. Que é o bem mais precioso de qualquer consumidor. O tempo.

E ainda por cima, ela ganhou um 'marketeiro' da proposta de negócio, sem gastar um real comigo. Eu estou aqui falando sobre a experiência no meu livro.

E não somente isso, minha esposa fez questão de publicar nas redes sociais a excelente experiência que obtivemos com essa empresa.

Consegue entender o valor disso?

Quando o cliente chega ao ponto de defender a empresa e propagar a marca e serviço/produto, sem cobrar um tostão por isso. Se a empresa está nesse ponto, pode ter certeza que está no caminho certo.

E vale mais que quaisquer 5 mil reais de propaganda na rádio local. Ou de qualquer valor financeiro gasto em *Facebook, Instagram ou Google*.

Pois nesse caso essa empresa atingiu o cliente em dois pontos fundamentais para a relação comercial. Mostrou carinho e respeito por um bem muito precioso, que é o tempo. E o outro ponto essa empresa se importou comigo, me respeita, realmente se importou com o meu cão, de chegar a mandar uma carta para meu cão.

Confesso que eu vi minha mulher ler essa carta ao nosso cão. Com aquela voz de bebê e publicar essa foto nas redes sociais.

Está entendendo o poder que essa empresa criou entre nós?

Eles criaram uma conexão conosco, um relacionamento que vai além do preço. Vai além de somente entregar um produto que eu preciso, na quantidade certa, no preço certo e na hora certa. Foi um *plus*, um adicional que tocou nossos corações. Vamos falar disso mais à frente.

Em resumo, essa foi a jornada do consumidor.

Consciência: Que é o momento que o cliente sabe que a empresa existe. Sabe o que faz, seja como é o serviço ou como é o produto.

Conhecimento: Que é o cliente ter o conhecimento da solução. Como o produto ou serviço pode resolver a dor dele. Resolver o problema que ele tem.

Experiência de compra: Aqui entra o processo de compra. Como é o processo de compra, de orçamento, o canal de comunicação e etc. Ou seja, o fluxo dos processos internos.

Experiência de entrega: Como será a entrega, prazos, maneiras de consultar como está o pedido. Tipo de embalagem, etiquetas, cartão, tudo que envolve o momento de receber esse produto ou serviço final.

Ao final de tudo isso, entenda que nessa jornada do consumidor a empresa não necessariamente está vendendo um produto ou serviço.

Entender que está vendendo uma experiência, esse é o conceito que resume todo esse conceito. O produto é o meio, a experiência é que conta como um todo e se a empresa sobreviverá ou não no mercado.

O modo como é feito o consumidor ter consciência da marca, precisa ficar registrado como uma experiência que o faça lembrar da empresa, no momento que precisar da solução.

O modo como repassa o conhecimento do produto tem de ser uma experiência agradável aos olhos do cliente. Ele tem de entender que vai além de um benefício de apenas comprar. Gerou um conhecimento adicional na vida dele. Cria um relacionamento, uma confiança que a empresa é melhor que a concorrente.

O processo de compra tem de ser fácil, rápido e prazeroso. O cliente tem que conseguir fazer o pedido com facilidade, sem enrosco, sem aqueles travamentos comuns de empresas com vários departamentos.

E a entrega tem de superar a expectativa do cliente, de modo que ele seja um cliente recorrente e promotor da marca, pela excelente experiência que teve.

Então, quem vende apenas produto ou um serviço está fadado a ser mais um, em meio à multidão ou mais um a virar estatística das empresas que faliram ou irão falir no país.

É preciso vender uma experiência, vender algo que vai além de um produto. O produto ou serviço tem de ser uma experiência incrível e poupar principalmente o tempo do consumidor. Ou seja, ser conveniente.

Essa é uma dica extra. Venda experiência, em vez de vender apenas um produto.

Veja a empresa que me entrega ração e banho e toso ao meu bichano. A ração é uma *commodity*, um produto que muitos podem revender.

Mas o modo como essa empresa me atende é o diferencial. Essa experiência que a empresa criou, foi fantástica, de ser atendido rápido e com conhecimento, é que me faz comprar novamente dessa empresa.

Existem duas maneiras eficientes de atingirem o público. Uma delas é 'faço-o rir de alguma coisa' e a outra é 'faço-o sentir alguma emoção'. São duas táticas infalíveis para propagar a marca. Essa empresa me fez sentir uma emoção. O respeito pelo meu tempo e o carinho pelo meu animalzinho.

Vamos ao exemplo da empresa Heineken: eles são famosos por comerciais bonitos, engraçados e inteligentes. Coloque no *YouTube* e veja a infinidade de comerciais interessantes. Que te fazem rir, ou fazem sentir um sentimento de amor, gratidão e etc.

Deve lembrar de um comercial que o rapaz está dirigindo e o cachorro está no banco do carona. De repente o rapaz quer colocar uma música no carro. Mas deixa o CD cair e tenta pegá-lo mantendo o carro em movimento. Ao se baixar, as pessoas na mesa de um bar, veem a cena em outra perspectiva.

Pelo jovem estar abaixado, dá a impressão que o cachorro está dirigindo. Essas pessoas olham para a mesa com duas garrafas de Heineken, a câmera muda de ângulo e a pessoa empurra o amendoim para o lado. E brindam a cerveja novamente, fazendo a alusão que o amendoim estava fazendo que eles vissem coisas estranhas, como ver um cachorro dirigindo.

Então é esse apelo que as empresas devem provocar nos clientes. Os consumidores vão lembrar da marca. Eu até hoje lembro dessa propaganda e mesmo que eu faça cerveja artesanal, minha cerveja preferida comercialmente é a Heineken. Além do sabor, essa empresa conseguiu fixar em minha mente a consciência que eles existem e que eles são divertidos.

Outro exemplo da própria Heineken. Devem lembrar que fizeram uma propaganda, onde está a charmosa Jennifer Aniston, tentando pegar as últimas duas cervejas numa prateleira alta. Um jovem vê a cena e a atriz naquela situação e se aproxima.

A atriz da aquela olhada cativante, afinal são as últimas duas Heineken. E ele e ela poderiam se conhecer melhor. Ela esperava o cavalheirismo daquele jovem, afinal ela é a Jennifer Aniston. O que acontece é o rapaz pegar as duas últimas cervejas e ir embora. Porque são as duas últimas Heineken. Isso faz com que o cliente ria, se torna algo marcante. Realmente a equipe de *marketing* da Heineken é fenomenal. Estão de parabéns.

De outro lado, a empresa pode tocar o "coração" do cliente, fazer com que ele tenha sentimentos verdadeiros pela marca. Faço-o se emocionar. As empresas de seguro são muito fortes nesse quesito.

Um exemplo, para ser mais breve. Poderá achar mais conteúdo na *internet*.

Existe uma empresa alemã, de um conglomerado de supermercados que fez uma propaganda que realmente toca no sentimento mais profundo do ser humano.

Em resumo, um senhor de certa idade, convida novamente os filhos e netos para passar um natal com o pobre velhinho. Ele recebe as negativas dos filhos e netos, que não poderão comparecer novamente no jantar natalino.

Uma cena comum nos dias de hoje. Muitos trabalham em outra cidade ou até mesmo em outro país. Acabam se afastando, seja pela distância em quilômetros ou pela vida corrida que se tem. É o emprego, são os filhos para cuidar, é um novo curso para serem mais eficientes ou focados no trabalho para ganhar mais dinheiro.

Que leva a um ciclo vicioso e nos faz esquecer dos valores e da família.

Por fim, os familiares recebem a notícia do falecimento do pai e, mesmo afastados, sentem aquela dor de ter perdido uma pessoa muito próxima. A propaganda é justamente para mostrar isso. É uma corrida contra o tempo. Falta parar e curtir simplesmente, saborear uma bela noite com as pessoas que se ama.

Esses filhos recebem a notícia, seja por uma mensagem no celular ou um *e-mail*. Obviamente, como é de se esperar, conseguem um tempo para sair das vidas corriqueiras e dar o último adeus ao velho pai.

Ao chegar na residência se deparam com uma bela mesa farta e o velho pai em pé os aguardando. E ali ficam juntos em mais uma noite animada. Com as velhas e novas histórias.

O vídeo é emocionante. Eu mesmo, sempre choro a ver essa propaganda, pois ela me toca no coração e, se houvesse essa rede no Brasil, certamente eu compraria nesse supermercado. Ela foi além, tocou no meu coração para lembrar que a vida pode estar corrida, mas é preciso frear e saborear esses e mais momentos felizes em família.

Recomendo ver esse vídeo, facilmente localizado no *YouTube*, coloque como "Comercial Natal Edeka", cuidado para não chorar ao ver o vídeo. Existe mais uma infinidade de comerciais dessa mesma empresa, focados na família. Em vez de vender os produtos, o foco é vender o conceito de reunir e se preocupar com os entes queridos. Estar presente.

São inúmeras empresas que fazem esse tipo de propaganda. Se foi nascido na década de 1980, deve lembrar da propaganda da Parmalat, onde um monte de crianças era vestido de animais. Fantasias de leão, porco, panda e etc. Com uma música de criança maravilhosa.

Imagine um pai daquela época com os filhos nessa idade. Foi fantástico. As crianças adoravam ou pais adoravam. Tocou no sentimento mais primordial do ser humano. Cuidar dos filhos. Cuidar bem do filho. Obviamente que foi um sucesso de vendas.

Lembrando que deve ter cuidado de fazer uma propaganda com contexto sentimental, pois pode não agradar a todos. Pode gerar polêmica, por ser um grupo menos favorecido. Ou até mesmo atingir polêmicas de política, gênero e religião. Se for fazer, faça com cuidado.

Nesse caso, é provável que venha a pergunta. Que somente as empresas de grande poder aquisitivo conseguem propagar esse tipo de propaganda, pois são necessários milhões de reais para conseguir atingir um volume grande de clientes.

É claro que sim, se a empresa quer se tornar mundial, é preciso investimento mundial. Quanto mais alto a empresa está, mais dinheiro ela gastará para se manter ao topo.

Mas essas empresas nunca foram gigantes, elas deram os primeiros passos para se tornar referência local. Depois regional, estadual, nacional e finalmente mundial. E isso leva tempo. E para chegar lá é preciso dar o primeiro passo.

Veja o exemplo anterior, dessa empresa de *pet shop* local, quanto que essa empresa gastou comigo. Dois beliscos num pacotinho e um *folder*. Tive consciência de que eles existiam. Depois eu entrei em contato e tirei algumas informações sobre essa companhia. Obtive conhecimento do produto. Depois passei pelo processo de compra, que pedi pelo *WhatsApp* e em poucas palavras digitadas.

    A entrega foi surpreendente. Foi dado mais conhecimento de como cuidar do meu cachorro com um *folder*, em um papel.

    Aquele agradecimento personalizado para criar um relacionamento, um sentimento de que realmente se preocupam comigo e com meu cão. E, além disso, fiz pedido no sábado para receber na manhã de domingo.

    Atualmente sou um cliente fiel e estou aqui promovendo a marca.

    Eu desconheço o negócio que o leitor tem ou pretende ter ao montar o empreendimento nos próximos meses. Eu desconheço o perfil do cliente. Então, quem mais para fazer uma revolução no negócio ou na vida profissional além do próprio leitor?

    O leitor conhece a cidade, conhece o negócio e conhece o cliente. Bom, na verdade deveria conhecer, pois as minhas pesquisas mostram que muitas vezes as empresas desconhecem os clientes e os nichos de mercado. Saem atirando para tudo o que é lado.

    É o velho ditado extraído de um filme espetacular, o filme "Alice, no país das maravilhas", que diz o seguinte:

> "Se não sabes para aonde ir, qualquer caminho serve".

As empresas estão preocupadas em tornar os processos cada vez mais automatizados, estão se distanciando dos clientes. Criam *chatbox*, máquinas de autoatendimento, *Instagram* com respostas automáticas e com fotos e vídeos maravilhosos. Esquecem que o cliente precisa aprovar esse conceito.

Se o cliente não suporta autoatendimento, por que instalar?

Use a tecnologia a favor do negócio, evite transformar a tecnologia num muro que divide o contato entre a empresa e o cliente final. A tecnologia tem de ser o meio, a ferramenta de como agilizar os processos da empresa.

São as pessoas que fazem o cliente comprar de novo, são as pessoas que criam produtos melhores, são as pessoas que entendem a real necessidade do cliente.

Até pode haver outra vertente, o cliente querer autoatendimento, mas é preciso treiná-lo. Se ele tentar fazer um autoatendimento, tiver dificuldades e ninguém estiver próximo para ajudar, ele vai embora e cria raiva dessa tecnologia.

Em vez de se tornar mais conveniente, se tornou o chato que quer empurrar uma tecnologia que não funciona ao cliente. O consumidor é o dono da verdade, é o todo poderoso, que pode fazer de a empresa ser um sucesso ou um fracasso.

Todos os leitores que possuem um negócio ou pretendem abrir um novo empreendimento ou até mesmo trabalham para uma empresa como um profissional qualificado. A chance de sucesso está ligada diretamente a entender a real necessidade do cliente. E não apenas criar um produto ou o serviço maravilhoso.

É toda a experiência na jornada do cliente que faz com que ele compre dessa empresa.

Como é a experiência do consumidor conhecer a empresa, de saber que ela existe?

Como é a experiência de ele conhecer os produtos, os serviços? Ele consegue tirar todas as dúvidas, consegue entender o quanto essa empresa de ajudá-lo com a solução?

Como é a experiência de fazer a compra? É fácil, rápida, sem burocracias? Ou um inferno de ficar preenchendo formulários, comprovar renda e etc.?

Como é a experiência da entrega? Surpreende o cliente pela agilidade, pela embalagem, pela informação correta e rápida? Ou é um pandemônio, que ninguém se acha na entrega desse pedido?

Se tem certeza que o consumidor detém uma experiência de excelência, não se preocupe. Ele vai empresa indicar, ou no mínimo, ele vai ajudar a bater na própria concorrência. Porque esse carinho e essa preocupação com a jornada do consumidor, nessa experiência fantástica de ser bem atendido, vão ser retribuídos.

Veja o exemplo anterior, que minha esposa, faz a propaganda dessa empresa para os amigos mais próximos, seja pelo *WhatsApp* pessoal, pelas mídias sociais ou até mesmo naquele bate-papo informal no churrasco.

Ela conseguiu tranquilamente mais 5 clientes para essa empresa. Multiplique isso em escala. Se conseguir 100 clientes muito bem atendidos, será replicado para mais 500 clientes novos.

Quantos clientes será preciso para manter a operação ou para começar a expandir e se tornar uma empresa ainda maior? É só fazer as contas, tirar as ideias do papel e realizá-las.

Agora, se existe dúvida que o cliente te indicaria ou se existe dúvida se a jornada do consumidor é fácil, prazerosa e que não tem enrosco, sugiro voltar ao princípio básico de conhecer o cliente. Fazer uma autorreflexão sobre a empresa e como ela atende a jornada do cliente.

Conhecer o cliente antes mesmo de ofertar qualquer solução. Talvez o que suponha como agilidade nos processos internos é um estresse no processo de compra do cliente. O que acha que facilita a vida internamente na empresa, pode estar criando um inferno na experiência de compra do consumidor.

Um teste para saber se a empresa está realmente no caminho é ser a própria cobaia. Passar por toda jornada do cliente e ver se está no caminho. Se nesse teste concluir que não compraria de volta, está na hora de revisar toda a operação.

Senão, no mínimo, achará alguns pontos a serem melhorados. É preciso ser cliente do próprio produto ou serviço para saber como está a empresa. Esse é o melhor MBA que poderia fazer para o negócio. Anote, essa dica é TOP: #Seja a cobaia.

Além de um exemplo formidável gostaria de dar alguns que já foram muitos ruins devido à pouca concorrência ou até mesmo por serem estatais. Estão melhorando, mas ainda têm muito de trilhar para ficar bom.

As empresas que todos devem conhecer de venda de planos de *internet* e ou TV a cabo, ou as empresas de telefonia e operadoras de crédito (bancos). Nem é preciso citar os nomes dessas empresas.

Quando era necessário resolver algum problema com essas empresas, seja para cancelar, seja para negociar outro plano, seja para resolver questões técnicas, qualquer coisa, tudo ali parecia um parto.

Essas empresas até tinham concorrência, mas tratavam o cliente da mesma forma. O mesmo padrão horrível de atendimento, de produto, de solução. Imagino que o leitor, nesse exato momento, está relembrando de algum transtorno gigante com essas empresas.

Aquele plano de rede telefônica, que nunca sabia como era a cobrança. E se precisasse resolver, tinha que ficar horas na linha telefônica até alguém receber a ligação e transferir para outro departamento. Eles ganhavam o cliente no cansaço e que mais uma vez pagava a conta elevada ou com algum erro que o cliente não concordava.

Isso era comum nesses segmentos. Parecia que as empresas tinham prazer de criar procedimentos que travavam, que infernizavam a vida do cliente, para vencê-lo pelo cansaço. Se tentasse cancelar, pagava multa por fidelidade, ainda por cima. E a outra empresa do segmento tinha a mesma porcaria de serviço. Era literalmente sair da merda para cair na bosta.

Agora existem outras empresas locais ou mundiais que atendem de forma rápida, sem burocracia e se precisar de ajuda, basta meia dúzia de cliques e pronto, resolvido. Se quiser cancelar, apenas clique cancelar a conta e sem estresse, poderia ir para a concorrência.

Esse livre comércio e concorrência ajudou muito os consumidores. Se o banco não presta, eu mudo para um melhor. Se a conta de celular está muito alta, se muda para outra operadora.

Para o cliente final ficou um pouco mais fácil. Óbvio que ainda algumas empresas pararam no tempo e insistem nessa falha de tipo de atendimento.

Vão sobreviver? Duvido muito.

Veja o exemplo do sinal de *internet*. Algumas empresas estão surgindo e disponibilizando a *internet* por fibra. Sem custo adicional, sem contrato, sem renovação, sem aumentos todo ano, com assistência via *WhatsApp*. É falado com um ser humano, uma pessoa, que resolve. E se precisar cancelar? Uma única pesquisa: Por que o Sr está cancelando? O cliente dá o motivo e pronto, vida que segue.

Essas empresas locais ainda não têm capital para fazer um grande investimento e tomar os grandes centros, mas aos poucos estão tomando uma parte aqui, outra acolá.

Cedo ou tarde, essas grandes empresas que dominaram esses mercados têm duas saídas. Ou melhoram significantemente os serviços ou virarão massa falida.

Os grandes conglomerados do Brasil parecem que têm orgulho de criar uma amarração, uma mandinga com o cliente, para nunca sair. Tem milhares de outros segmentos e empresas com essa filosofia.

Outro exemplo é a agência de correios. Vai sobreviver para sempre? Certeza que não. O mundo está mudando de forma exponencial, não terá mais espaço para empresa com essa filosofia e com essa incompetência.

Veja outro exemplo, os bancos.

Tínhamos as 5 famílias detentoras dos principais bancos do Brasil. Hoje temos vários bancos digitais, vários meios de pagamento e tudo *online*.

Se essas empresas não mudarem os modos operacionais, certamente irão minguar ou serão compradas por um banco digital. E, se observar, já estão mudando. Todas elas têm as próprias plataformas *online*. O gerente agora te atende por mensagem.

E quem fez isso?

O *Nubank*.

Um louco teve a brilhante ideia de eliminar filas, processos, papéis, assinaturas e deixar tudo *online*. Com alguns cliques na tela do celular.

Essa empresa, foi o divisor de águas no ramo bancário e sempre, garanto ao leitor, sempre existirá uma empresa que irá eliminar esse abismo entre um bom serviço e um serviço trivial. Isso é cíclico. Alguém irá fazer essa quebra de paradigma.

E por que não, o empresário ou o profissional que lê esse livro não pode ser o primeiro a quebrar esse ciclo e começar algo totalmente novo?

O caso do *Nubank*, só para ter uma ideia, ao valor da data atual de criação desse livro, vale $10 bilhões USD. O Itaú, uma das grandes vale $42 bilhões USD. O Itaú foi fundado em 1945 e o *Nubank* fundado em 2013.

Fica alguma dúvida que essas empresas vão superar as grandes ou abocanhar uma boa parte do mercado delas?

Sem falar do serviço prestando por esses bancos e pelos bancos digitais. Alguns bancos ainda exigem a presença do cliente na agência para trocar a senha do *internet banking*, enquanto nos digitais, se resolve num *chat* ou em poucos cliques.

Ao analisar a abertura de uma conta no ano 2000, sem a revolução que o *Nubank* fez. Era preciso ir até a agência, tinha de se deslocar da residência até a agência mais próxima. Em alguns casos, precisava sair do trabalho mais cedo ou no horário do almoço para fazer essa atividade.

Tinha de levar um comprovante de residência, um comprovante de renda e pegar uma fila. Ser atendido por uma pessoa, que passava uns documentos para assinar, o correntista assinava fica com uma cópia que nunca mais vai achar, volta pra casa, espera 15 dias para a chegada do cartão.

Chega o cartão, é necessário ir até uma agência para desbloquear, desbloqueava o cartão fazia o cadastro de uma nova senha. E pronto, está pronto para uso.

Num banco rápido, como esses da era digital, alguém te manda um *link* de convite, ou baixa o aplicativo. Tirar uma foto do correntista com o documento em mãos. Eles analisam e pronto. Conta liberada e com cartão de crédito sem custo.

Até pode esperar o cartão físico, mas se quiser tem o cartão virtual que pode começar a fazer compra naquele instante. Mas se ainda quer esperar o cartão, porque é da velha guarda, recebe aquele pedaço de plástico, acessa o aplicativo do banco e em dois cliques está tudo liberado.

Essas empresas usaram a tecnologia como meio, como uma ferramenta para se tornar mais convenientes e resolver a dor dos clientes.

Elas estavam preocupadas legitimamente em resolver a dor do cliente, que era enfrentar filas, preencher documentos, perdas de tempo, enquanto o banco tradicional criava categorias de clientes *prime* que tinham de gastar ainda mais em taxas do bancos e produtos péssimos para ter um café Nespresso e uma gerente.

E um processo supostamente redondo para evitar perdas ou falhas na companhia. É o habito que as empresas têm em criar o controle, do controle, do controle, que não controla nada. Burocracias em cima de burocracias.

O principal problema que o *Nubank* resolveu foi o tempo que o cliente despendia nessa atividade. E na transparência de tudo que se cobra no banco. Foi economizar o tempo de consumidor e melhorar a experiência de fazer qualquer operação bancária.

Novamente volta-se a falar de experiência. Se a empresa criar uma experiência fantástica, o cliente jamais vai te abandonar. E ainda será o promotor de vendas.

Eu sou um exemplo disso, já passei um churrasco falando sobre esses bancos da era digital e consegui pelo menos uns 4 novos adeptos, num único churrasco. Que baixaram o aplicativo na minha frente, na hora. Eu virei um fã, um cliente que adora esse produto ou essa solução.

Propago a quatro ventos sem ganhar um tostão desses bancos digitais, até se o leitor é do *Nubank*, Inter, Neon ou conhece alguém desses bancos e está lendo esse livro agora e quiser me patrocinar, estou aqui. Amo vocês.

Brincadeiras à parte. Esses novos bancos diminuem a quantidade de dinheiro despendida para propaganda com televisão, atores famosos, *banner*, *outdoor*, rádio, porque o próprio cliente satisfeito vira o maior marqueteiro.

Veja o próprio *Nubank*, essa empresa dificilmente, eu até desconheço, se eles fazem alguma propaganda de redes televisivas ou usando atores globais e etc. Quem ainda faz são essas empresas bancárias tradicionais. Custa acreditar que ainda nenhum gestor desses grandes bancos observou isso. Que o caminho que ainda seguem não funciona mais com o consumidor do século XXI.

Os clientes viraram o principal ator das empresas fantásticas citadas aqui. Eles propagam a marca desses produtos ou serviço.

E o que essas empresas fizeram?

Apenas resolveram a dor que era ir ao banco, pegar fila, não entender bulhufas das taxas cobradas, brigar com gerente, sair dali estressado e perder o bem mais precioso, o tempo.

Se o sistema bancário, algo extremamente regulamentado, que é muito difícil de sobreviver, pois é movido por um oligopólio de apenas meia dúzia de empresas, mudou o jeito de fazer negócio, por que o leitor ou a empresário ainda deixa de inovar ou fazer algo diferente no negócio? Qualquer leitor empresário, futuro empresário, profissional qualificado, precisa parar de dar desculpas e pôr a mão na massa.

É TBC, tire a bunda da cadeira e vai.

Criar algo novo, um novo modo de atender, um novo produto que resolva um problema do cliente.

Existe um vídeo na *internet* de uma cara que pensou em algo completamente fora da caixa. O vídeo pode ser encontrado no *YouTube* também. O jovem possui um negócio de água de coco. Apenas a venda de coco gelado na praia.

A maioria já imagina como ele faz isso, certo. Ele compra o coco num valor de, por exemplo, R$ 2,00. Coloca o coco na geladeira, muitas vezes tem mais de uma geladeira porque o coco ocupa bastante espaço. Aguarda o cliente vir comprar. Abre o coco, coloca um canudo e vende por R$ 7,00, por exemplo, para custear a compra de estoque e pagar as despesas. É o comum, é trivial, é o modo operacional padrão.

O que esse jovem fez? Ele também tem água de coco geladíssima. Mas ele tem um *freezer* apenas. Ele também compra o mesmo coco. Mas descasca em casa de uma forma diferente. Ele tira toda a casca dura do coco e deixa apenas aquela membrana com a água de coco. E coloca numa bandeja de plástico.

Sim, fica aquela membrana perfeita, como se fosse uma bola gigante de sinuca branca. Ele poupa espaço, é menos um *freezer*, menos energia. E mais prático para entregar ao cliente e de certa forma mais higiênico.

Do outro lado, o cliente recebe o produto de uma forma totalmente diferente. Muito mais leve. Porque carrega apenas a água de coco e não o coco pesado. É descartável e o plástico pode ser reciclado. Está super gelado. E a impressão que tenho é que realmente estou pagando pelo produto que eu quero e não pela casca que se vai embora.

Vai vingar, vai ser um revolucionário?

Não sei! Pode ser um sucesso agora ou depois por outra pessoa que saiba explorar comercialmente essa nova forma de atender.

E talvez não dê certo, mas ele tentou algo novo. E é provável que esse jovem achará uma outra alternativa de ser mais conveniente. Porque esse empreendedor é uma pessoa com *mindset* diferenciado. Está na busca de achar um novo meio de atender, um novo produto ou um novo conceito.

MindSet: Tradução literal de configuração da mente. É o modo de pensar. A mentalidade.

O que é descrito aqui, é que qualquer empresa pode inovar, pode trazer algo mais conveniente ao cliente. Basta conhecer o cliente profundamente, conhecer a dor e resolver da forma mais simples possível. Pode parecer um pouco chato ver várias vezes a frase "Ser mais conveniente". Porém é essa a regra do jogo desse novo século: CONVENIÊNCIA.

Faça uma analogia com as lojas de conveniência de posto de gasolina. Por que essas unidades comerciais de conveniência ainda perduram tanto? Os preços muitas vezes são 2x mais caros que um supermercado local.

Justamente por causa da conveniência. Não é preciso entrar num estacionamento do supermercado, pegar o *ticket*, achar uma vaga de estacionamento, andar pelos milhares de corredores de compra com uma cesta na mão, pegar uma fila cheia no caixa, pagar a Coca-Cola gelada, passar no guichê de estacionamento, pagar ou dar baixa no *ticket*, ir até o carro, passar na cancela do estacionamento, entregar o *ticket* e ir embora.

A compra era só uma coca gelada, se tiver um tiozinho vendendo no semáforo a um preço que está disposto a pagar, irá abrir o vidro, pagar e pegar a Coca-Cola gelada. Assunto resolvido. Em poucos segundos, enquanto no supermercado levaria pelo menos 15 minutos.

Então essas empresas focaram na conveniência, enquanto o cliente abastece o carro, ele pode comprar o refrigerante por um preço alto, mas em compensação, de forma conveniente, porque ele precisa do refrigerante agora.

Esse mesmo cliente enquanto o carro passa pelo processo de troca de óleo pode tomar o café da manhã, porque ele saiu às pressas de casa. E pode comer um salgado e tomar um café na comodidade, enquanto o carro está sendo consertado.

Vai dar para ganhar todas as vendas?

Provavelmente não. Provavelmente a empresa terá de diminuir a quantidade de produtos ou serviço. Ou escolher um nicho, um segmento, em vez de ter todos os produtos possíveis. Vai ter de se dedicar a uma linha de produtos. E na medida em que for atendendo o cliente com mais agilidade, aí sim, poderá ampliar os horizontes.

A empresa pode ainda pensar em algo mais tecnológico, como um guichê automático. Ou um atendimento *online* por um robô, com respostas e perguntas tão familiarizadas pelo cliente, que ele mal vai perceber que o pedido está sendo executado por um robô.

Mas vamos pensar aqui, será que todos nós vamos migrar para algo tecnológico, algo mais frio, sem contato humano?

Com certeza, não. Novamente a tecnologia deve ser um meio, uma ferramenta para que a empresa seja mais rápida. A interação humana sempre vai existir e gostamos de ser bem atendidos, é essa a questão. Um atendimento de excelência que realmente se importe com o cliente no momento da compra.

Óbvio que alguns segmentos terão a tendência de ser mais tecnológicos e as compras se tornarem mais automáticas. Mas mesmo assim, teremos pessoas por trás das "cortinas", analisando o perfil do consumidor para saber como atendê-lo melhor. Ou haverá pessoas presentes, humanos de verdade, sempre dispostos quando a tecnologia ou o próprio usuário não souber usar a ferramenta. Então sempre terá a interação humana, independente do negócio.

Para os apaixonados por ficção cientifica como eu, devemos parar de assistir muito filme de ficção cientifica, achando que a tecnologia vai dominar o mundo e os seres humanos serão extintos.

Isso é muita teoria ao estilo de filme "O Exterminador do Futuro". Deixe isso para os filmes.

Certamente teremos empregos e empresas que deixarão de existir. Como falamos de locadoras de vídeo, elas foram extintas e hoje temos vídeo por demanda (*streaming*). Num aplicativo e tudo *online*.

Como também surgiram novos empregos, como já existe uma pessoa que analisa a forma que o cliente vê o produto e tenta melhorar a experiência do usuário, chamado de analista de usuários. Isso não existia antes da bolha da *internet*.

Então fique tranquilo que sempre terá espaço para empresas e profissionais com excelência.

Vamos ilustrar aqui e relembrar a história da música, por exemplo. Anos atrás, tínhamos o vinil, um produto que revolucionou o mercado. Um disco que era possível ouvir 4 a 5 músicas de uma única banda. Depois tivemos a fita cassete, que já possibilitou 40 a 50 minutos de música.

Que também foi uma sensação e começou a tomar conta do mercado de vinil lentamente. Mas logo veio outra inovação, vieram os CDs, onde o cliente podia ter aquela pasta no carro com dúzias de CDs e colocava no carro e ir viajar com uma coletânea debaixo dos braços.

Tomou conta da linha de fitas cassetes e LPs. Depois veio o *Ipod*, um pequeno aparelho que armazenava centenas e até milhares de músicas. Na sequência, os *pens drives* com inúmeras músicas, seguindo a mesma linha.

O que foi fantástico, pois os clientes tinham mais opções. Poderiam até escolher as músicas *online* e baixar no *Ipod*, em vez de comprar um CD com 15 músicas e que se aproveitavam apenas duas. Agora o cliente tinha liberdade de fazer a seleção.

O mercado de vinil, cassete e CD se viu minguar até quase completamente sumir.

O que aconteceu?

Agora com a era de *streaming* de música. Existe o *Spotify*, o *Deezer* e outras plataformas que tocam direto do celular. Fantástico, não é? E para onde vai caminhar agora?

Fitas cassete não existem mais à venda facilmente, CDs então, nem se conta. Até os aparelhos e carros já começam a retirar essas tecnologias, por estarem muito defasadas. Os carros mais recentes não têm acesso à fita K7 e alguns estão abolindo o acesso de CDs também.

Antigamente, com CDs, era preciso ter uma pasta para os CDs e ainda precisa ficar passando as músicas, até achar a mais interessante. Estão sendo extintas. Ocupam muito espaço e fora a perda de tempo do cliente para localizar o CD correto e música correta.

Agora temos as plataformas *online* que o cliente pode criar a seleção que quiser. Ainda pode receber sugestões conforme o gosto musical. Pode receber lista de músicas que podem ser compartilhadas com os amigos.

Com a tabela a seguir, é possível entender se as tecnologias ao longo do tempo da música atendem os quesitos de conveniência e inovação.

	Produto correto	**Qtde. correta**	**Preço Justo**	**Na hora que eu quero**
Vinil	Sim	Talvez	$$$$$	Não
K7	Sim	Talvez	$$	Não

CD	Sim	Talvez	$$$$	Não
Ipod/Drive	Sim	Sim	$$$	Sim
Streaming	Sim	Sim	$	Sim

Fonte: Elaborado pelo autor.

Então veja que, analisando a questão de ser um produto correto, todos estão assinalados que sim, porque no período que foram inventados todos tinham o produto certo para a época.

Já na questão de quantidade. O vinil, K7 e CD, dependiam da loja que fornecia os produtos. Ela poderia ter na quantidade ou não. Dependia exclusivamente do fornecedor de música.

No quesito preço justo, também tem a observação que o vinil é caro. Sempre foi e sempre será. Devido ao processo de fabricação. O K7 é um dos mais baratos nesse campo de produtos sem alta tecnologia.

Enquanto os CDs se tornam mais caros que os *drives* de música, visto que se compra um CD de lançamento na casa dos 30 reais, provavelmente nem todas as músicas que estão no CD a pessoa irá gostar.

Enquanto isso, nos *drives* existe a possibilidade de comprar apenas as músicas que gostar, independente do artista. Logo, se torna mais barato. E ao final temos as empresas de *streaming* que, pelos mesmos 30 reais, a pessoa tem acesso ilimitado a uma infinidade de músicas.

E ao fim, temos a análise de poder comprar o produto ou usar o serviço no momento que precisa.

O vinil está fora de cogitação, é humanamente ridículo levar um vitrola embaixo do braço para ouvir as músicas prediletas.

A fita K7 e os CDs dificilmente, pois, como falamos, até as empresas de carro já eliminaram esse dispositivo. Além de ocupar espaço, poucas opções de música, dificuldade de localizar a música correta, em alguns casos ainda com pouca qualidade.

Restam os *Ipods* ou *drives* de música, que ainda sobrevivem ao mercado atual. Pode ser feita a seleção e deixa o *pen drive* tocando. Mas se precisa achar aquela música para aquele momento especial, pronto, está feito o inferno. Dificilmente vai achar.

E agora temos as empresas de *streaming*, que é o melhor que existe no momento. É possível selecionar apenas aquela música especial, basta digitar o nome da música ou da banda que irá achar facilmente.

Pode criar a própria lista, pode compartilhar com amigos, pode baixar para ouvir *offline*. Sem comparação. Hoje esse é o melhor serviço de música que existe no momento.

Mas o que vemos acontecer com o vinil, por exemplo?

Na área musical, a meu ver, estamos entrando num período de inversão tecnológica.

As pessoas acham *cool*, é *vintage*, é *old school*, a pessoa gostar de coisa velha, de coisas que remetem à infância, ou remetem àquele momento espetacular da vida, o tal de momento nostalgia, e o vinil está voltando com força total.

Vem faturando mais que na década de 80 e 90. Quase quadriplicando o faturamento.

Veja o gráfico a seguir.

Observando o gráfico, no ano de 1996, eram vendidas nos Estados Unidos 1,08 milhão de unidades de discos. E 20 anos após, em 2016, essa marca já ultrapassa 3,23 milhões de discos. Triplicou em menos de 20 anos. E nesses 20 anos, já tivemos K7, CDs e drives praticamente sendo extintos do negócio.

Fonte: Nielsen SoundScan

Por quê?

Porque mesmo num mundo que precisamos de tecnologia para nos poupar tempo, nos ajudar nos problemas mais sofisticados, sempre vamos precisar da interação humana.

As pessoas muitas vezes estão ficando mais frias como seres humanos, estão mais diretas e mais objetivas, porque o mundo está acelerado.

Recebemos uma enxurrada de informação, notícias e propagandas. Então, de um lado, a tecnologia nos torna mais eficientes. E do outro, nos tornam mais carentes de atenção.

Por isso, acredito, é a minha opinião, que as pessoas não precisam se assustar com a tecnologia, elas precisam entender que a tecnologia é um meio de resolver inúmeros problemas em nossas vidas e nos tornarmos mais eficientes.

Mas jamais seremos obsoletos, como a teoria das pessoas achando que tudo será robotizado e seres extintos da face da Terra.

Isso é assistir muito "Black Mirror".

Black Mirror: Seriado de ficção científica, disponível no Netflix, até o atual momento.

O cenário atual mostra que, mesmo diminuindo as interações humanas para as soluções de problemas dentro e fora da empresa, mais as pessoas vêm buscando um momento só delas, um momento com a família, um momento com os amigos, mais lazer, por mais qualidade de vida.

Por isso o vinil vem na contramão da tecnologia, pois as pessoas querem ir às lojas físicas para folhear os discos, conversar com pessoas que curtem as mesmas bandas, trocar figurinhas, assuntos semelhantes e chegar em casa e colocar o disco na vitrola.

Ouvir aquela arranhada única, incomparável do vinil nos sulcos do disco. Esse prazer de fazer aquele movimento na haste do aparelho, selecionar a música e apenas apreciar a música.

Isso vem crescendo em vários setores. Cerveja artesanal é outro. Fazer a própria cerveja em casa. Fazer o próprio artesanato. Existe uma infinidade de *hobbies* que ficaram comuns entre as pessoas.

Essas pessoas criam a própria comunidade, que gera consumo de um determinado produto, gerando consumo tem a necessidade de ter uma empresa especializada pra revender ou produzir esses produtos. E acaba virando uma cadeia para um novo negócio.

Observe na cidade ou no estado, quantas pequenas cervejarias abriram nos últimos 10 anos. De um *hobby* para si próprio, gerou consumo dos amigos e depois gerou demanda para ter necessidade de abertura de um novo negócio.

Temos varejistas de casa e construção, ensinando as pessoas a como trabalhar com madeira, para fazer o próprio artesanato exclusivo. E, se preferir, pode comprar o produto pronto com essa mesma empresa.

Temos outros varejistas de grandes redes de supermercado ensinando os clientes a cozinhar, literalmente lecionam uma aula de como preparar uma *paella* e pode comprar todos os ingredientes diretamente nesse varejista.

Temos outras empresas, escolas de gastronomia, focadas em selecionar os produtos de uma receita e o passo a passo de como fazer e enviam para o consumidor. Mas quem executa o preparo desse prato é ele mesmo, o cliente, em casa com os amigos.

Para o cliente se mostrar como um poderoso *Masterchef*. As pessoas estão em busca de uma experiência. Volto a descrever aqui. Em vez de vender um produto ou serviço, venda uma experiência.

Em minha análise, opinião minha, para um futuro, isso deve ocorrer no meio bancário também, os grandes bancos sairão das cidades pequenas e manterão as atividades em grandes centros e no atendimento *online*.

Enquanto no interior, as cooperativas de créditos irão surfar uma onda muito interessante. Os cooperados estarão buscando contato humano, de uma pessoa que realmente se preocupa com o dinheiro do cooperado, para saber qual é o melhor investimento para ele.

Se é um profissional de banco ou pretende montar algo relacionado à área financeira, certamente o interior será um campo fértil para esse tipo de negócio. As pessoas estão tendo uma educação financeira mais promissora, bem diferente de 100 anos atrás.

Agora elas entendem que não é somente comprar terra. É preciso financiar equipamentos, construções, caminhões e demais produtos para se destacar no mercado.

Eu, Rodrigo de Oliveira, vejo que as cooperativas que se preocuparem realmente com as necessidades dos cooperados e que instalarem filiais pequenas, com um pessoal altamente qualificado, colocarem o cliente no centro das operações, em vez de ser apenas mais um CPF, vão alavancar os negócios na próxima década.

Assim, fica a dica de mais um negócio que pode prosperar na próxima década. O interior ainda tem muito campo a ser desbravado. Sempre levando como regra de realmente atender as necessidades do consumidor, jamais o trate como um simples CPF.

5 – Pilares de um bom negócio.

Agora entramos numa parte do livro que mais gosto. Foram criados os pilares de um bom negócio, para justamente demonstrar ao futuro empreendedor o que se precisa para ter um negócio de sucesso.

Para os empreendedores que estão lendo, certamente será uma oportunidade de aprender algo novo ou de fazer uma autorreflexão se o negócio realmente está atendendo esses pilares.

Obviamente, são pilares descritos na forma de conceito e com alguns exemplos, para o leitor entender o que é esse conceito e como isso pode ser aplicado nos mais diversos tipos de empreendimento existente.

Foram separados 10 pilares. Alguns deles já foram abordados nas páginas anteriores e será reforçado o conceito daqui pra frente. Após esse capitulo ainda teremos uma parte sobre ideias e também ferramentas que podem ajudar a transformar a empresa.

Abaixo, a sequência dos pilares e de como devem ser feitos.

1 – Personalização.

2 – Processo de compra.

3 – Processo de entrega.

4 – Conectividade.

5 – Autosserviço.

6 – Recorrência.

7 – Seleção de Conteúdo.

8 – Efeito Surpresa.

9 – Desenvolva a equipe.

10 – Se errar, resolva rápido.

5.1 – Personalização.

O cliente precisa ter a sensação de exclusividade, de um atendimento personalizado. Se é um comércio local, físico, tente chamar o cliente sempre pelo nome, quando falo sempre, é sempre mesmo. Pelo menos uma vez a cada cinco minutos de conversa. Com o tempo se torna um hábito e ajuda muito a manter a mente ativa para gravar nomes. O nível de memorização melhorará bastante.

Uma tática para manter isso ativo: sempre fazer uma ligação do nome da pessoa a uma empresa, ou atividade, ou perfil, ou característica pessoal, para sempre manter um lembrete na memória. Quando começar a atender o consumidor usando o nome da pessoa, ele se sentirá único, valorizado, irá confiar no atendente. É meio que automático. Damos mais atenção quando as pessoas nos chamam pelo nome.

Outra tática de personalização é perguntar, ouvir, perguntar, ouvir... quanto mais perguntar, mais conhecerá o comprador. E todos nós gostamos de falar sobre o que fazemos. Se a empresa vende equipamentos e ferragens e o cliente é um serralheiro, ele vai querer falar como ele faz e como é cada etapa do processo de serralheria.

Criar algumas perguntas sobre a atividade desse cliente, ou sobre como ele faz determinado serviço vai ajudar a criar engajamento com o cliente. Se usar exemplos pessoais, é ainda melhor. Pergunte como pode diminuir a corrosão de portões, por exemplo. O futuro comprador irá falar com orgulho que os portões precisam de uma pintura de epóxi ou um tratamento de galvanização e por aí vai. E nessas perguntas poderá enxergar oportunidade de venda da solução ideal nessa conversa.

Procurar personalizar o atendimento o mais próximo do que um artesão faz ao artesanato. É algo único, exclusivo e feito para aquele determinado cliente. Quanto mais personalizar, mais confiança o cliente terá em na empresa ou no profissional e mais liberdade ela te dará para dar sugestões de soluções. Certamente isso vai gerar mais vendas.

Por enquanto só foram dados bons exemplos. Agora, será apresentado um exemplo ruim de atendimento, que certamente será lembrado pelo leitor.

Operadoras de cartão de crédito.

Quantas vezes já foi recebida alguma ligação mequetrefe desse tipo de empresa, que o atendente fala uma mensagem padrão, um textão que nem daquelas de "tia no *Instagram*". Tudo muito bonito e que não tem serventia de nada para quem ouve ou lê. As pessoas não prestam mais a atenção nesse tipo de atendente, até porque muitas vezes ele liga em horário inapropriado.

O que mais acontece, ultimamente é mandar pessoa parar de ler aquele texto e agradeço. E quando estou de bom humor, deixo a pessoa falando, falando, falando até o final. Enquanto faço outra coisa. Aí essa pessoa me pergunta ao final da gigante mensagem.

> *Atendente: Então, Sr Rodrigo, vamos fechar?*
> *Rodrigo: Não?*
> *Atendente: Mas por que, não?*
> *Rodrigo: Porque eu não quero. Você não foi capaz de respirar e fazer a principal pergunta. Se eu realmente preciso de crédito.*

De nada adianta me chamar pelo nome, criar um roteiro lindo, um fluxo de perguntas e respostas, se não fazer a simples tarefa:

> *Esse cliente realmente precisa de meu produto?*
> *Ele tem alguma dor/problema que a empresa pode resolver?*
> *E o produto/serviço pode resolver essa dor?*

A primeira lição de conhecer o consumidor em potencial precisa ser feita. Conhecer a fundo o *Avatar* do cliente. Se realmente esse perfil de pessoa precisa dessa solução, desse produto que está sendo comercializado. De nada adianta ligar e tentar a sorte. Isso é desperdício de dinheiro. E desperdício de tempo do consumidor e da empresa.

Nesse caso, pode estar pensando, que se o atendente falar que é de operadora de crédito o cliente nem irá ouvir. Então ele precisa tentar te amarrar na ligação o máximo possível para tentar ganhar um cliente novo.

Provavelmente. Por quê?

Porque foi criado um ódio por esse tipo de ligação que, se a pessoa me oferecer um carro de brinde, eu nem vou ouvir. De tanto que se está de saco cheio com esse tipo de ligação.

O que essas empresas precisam entender é que esse tipo de atendimento já caiu por terra. Os clientes não querem mais esse tipo de atendimento padronizado, com textão pronto. Não querem mais ser apenas mais um CPF na empresa, as pessoas querem ser tratadas por pessoas que gostam de pessoas.

Essas empresas e os profissionais dessas companhias precisam entender se realmente o Rodrigo, aqui em questão, é um cliente em potencial. Se ele realmente precisa desse produto ou serviço. Se ele não é cliente em potencial, logo não precisa desse produto ou serviço. Ligue para outro.

Essas empresas gastam horas garimpando o cliente certo para comprar o produto, porém esse garimpo é através do volume de ligações e não na qualidade da ligação.

O resumo disso, é que tem um gerente nesses tipos empresas olhando as estatísticas de ligações. Sendo apenas um matemático.

"Se ligar para 100 clientes e 10 ouvirem a atendente e um negócio for fechado, então é preciso que cada atendente faça ao menos

2000 ligações por mês para fechar minha meta".

    Em casos piores treinam as equipes para vender até mesmo um produto que o cliente não precisa. Que depois o cliente irá ver que não era aquilo que ele queria ou que prometeram. E provavelmente vai tentar cancelar e terá mais uma infinidade de ligações, *e-mails*, *chats* e etc., para conseguir cancelar. E se cancelar, certo?
    Lembram dos pacotes de fidelidade que esse tipo de empresa criou para amarrar o cliente?
    Parece piada, mas é a realidade em que se vive. Pegue na lembrança se ainda não passou por esse tipo de situação. Uma empresa de telefonia, uma empresa de TV a cabo, operadora de crédito, previdência privada, serviços de *internet*. Serviços ruins, com pós-venda ainda pior.
    O que vai acontecer com esse cliente?
    Nunca mais vai aceitar um produto ou serviço dessa empresa. Quando receber uma ligação dessa empresa, se atender, desligará na cara ou vai esperar a ligação terminar e dizer. NÃO. Simples assim.
    Se aceitar alguma coisa dessa empresa, certamente é porque ainda é um negócio monopolizado, mas logo aparecerá outra empresa e esse consumidor vai acabar migrando, mesmo sendo mais caro. Porque ele se sentiu enganado. Veja o exemplo dos bancos. As pessoas estão saindo das tradicionais empresas para as novíssimas digitais. Porque além de pouparem o tempo do consumidor, são extremamente transparentes.

Cliente enganado é como num casamento. Raramente, mas muito raramente o companheiro aceitará ser enganado de volta. O que na maioria das vezes acontece, é que após ser enganado, esse cliente vai tentar propagar para todos e para qualquer canto que o produto ou serviço não presta.

O velho ditado é válido, um cliente satisfeito irá propagar para um ou dois amigos a solução ou produto de uma empresa. Enquanto um cliente insatisfeito vai repassar para 10 vezes mais. Enganado então, pode multiplicar por 100 vezes. Será que a empresa tem margem para assumir tamanho risco?

É um erro fatal, atender os clientes de forma única. A gravidade de tratar apenas como um número, uma matrícula, ou um CPF. A personalização é o caminho. O cliente se sente até mais seguro em comprar nesse tipo de empresa. E mesmo que a empresa errar. Ele vai entender e esperar a solução, vai dar a chance de consertar, literalmente.

Um caso de *internet* por fibra ótica. A empresa ligou para o cliente oferecendo o serviço de *internet*. Informado que a concorrente tinha um plano que já atendia o cliente, mas estava disposto a trocar, pois essa empresa atual tem um serviço de atendimento horrível. Já deve imaginar quem é essa empresa.

Foi feita a troca com uma condição, se eu tiver problemas de conexão, velocidade abaixo do esperado, ou qualquer outra coisa, seria solicitado o cancelamento com facilidade. A empresa informa que

bastava uma confirmação por *Whatsapp*. Sem contratos de fidelidade e sem multas.
É de se pensar:

"Bando de mentirosos".

Vai ser um inferno, quando precisar trocar.
Por que foi pensado isso?
Porque a experiência da empresa anterior era horrível no quesito atendimento. Tudo que era preciso resolver com essa empresa era um problema. Mesmo assim, para trazer mais um exemplo para esse livro, foi trocado de serviço.
Surpresa! O sinal era tão bom quanto o da empresa que domina esse mercado. Excelente e realmente de primeira. Depois de alguns meses, houve a necessidade de mudar de endereço. Veio à mente, que agora começaria o sofrimento. Imaginando que iria passar dias tentando cancelar e vão tentar empurrar taxas de cancelamento, vão exigir multa da tal fidelidade. A gastrite já começava a criar dores, só de pensar em ligar para essa empresa.
Foi mandada uma mensagem de texto para o ramal de atendimento, conforme mencionaram na contratação do serviço. Na sequência foi perguntado o novo endereço para fazer a substituição. Já para mitigar o estresse de cancelar. Infelizmente eles não tinham, mas estavam coletando dados dos clientes para começar a investir na região que foi mencionada que iria morar.
Então foi falado que precisa cancelar porque havia a mudança para esse novo endereço e como eles não tinham para esse novo endereço eu poderia

cancelar sem multa. Sim, eu já me preparei embasado com a experiência da outra empresa anterior.

Que para não pagar multa, precisaria ir para um lugar que não tem acesso à rede. Observe que pela péssima experiência na empresa anterior, que detém monopólio desse tipo de serviço, já estava preparado para brigar com essa nova empresa. Porque não era aceitável pagar multa ou ter prejuízo por isso.

A atendente apenas riu da minha cara, usando um daqueles *emojis* e informou que não havia multa. Só desejava fazer uma pesquisa de satisfação de 3 perguntas e uma delas era saber qual o novo endereço, para mensurar a quantidade de clientes dessa nova região e se eles devem investir ou não.

Aquela sensação de queixo caído veio à tona.

Essa empresa fez uma tarefa incrivelmente muito fácil e que nenhuma dessas empresas de serviço de *internet* fazia: simplesmente ouviu, não tratou o cliente como uma simples matrícula. Essa empresa viu que muitos clientes migravam da empresa monopólio, justamente pelo atendimento, pela falta de personalização.

Agora, eu conto para meus vizinhos ligarem lá para essa nova empresa e pedir o serviço. Se houver mais clientes da mesma rua pedindo, eles irão ter de investir nessa rua. Porque os quero de volta na minha vida, pois a outra empresa que não podemos citar o nome é um inferno para falar sobre qualquer assunto com eles.

Seja para negociar, seja para ser tratado com respeito, nada mais que, ser tratado como cliente. É preciso implorar. Parece até um gabinete público que tem de pedir com cuidado os próprios direitos. E que pode ir até preso, simplesmente por exigir um atendimento digno aos direitos de cidadão.

É meio triste isso, não acha?

Ainda bem que as empresas e o estado estão mudando. Vêm caindo os oligopólios e o mercado vem se tornando mais saudável, principalmente para os clientes. A concorrência ajuda muito as empresas a se tornarem melhores.

> *#dica: Perguntar e ouvir, perguntar de novo e ouvir. Perguntar e ouvir. Simples assim. Só ao fazer a atividade com frequência que conhecerá o cliente.*

Agora a empresa é que superou as expectativas. E é uma empresa fora do ramo tecnológico.

Existe uma clínica na cidade em que vivo que estou indo com mais frequência, pois fui diagnosticado com pressão alta e colesterol alto. Então, precisava fazer um tratamento para medicar e voltar às minhas condições normais.

Primeiramente, como qualquer pessoa, entrei no *site* mais conhecido do mundo, sim o *Google*. Busquei a clínica mais próxima da minha residência. Encontrei e liguei para essa empresa. A atendente virtual cordialmente me informa que pode ser marcado pelo telefone e aguardar na linha ou poderia ser feito pelo *WhatsApp* e me informaria o número de contato. Resolvo usar a segunda opção e retorno meu contato através dessa plataforma.

Eu marquei minha consulta pelo *WhatsApp* e aguardei a data para a devida hora marcada. Quando cheguei no horário marcado, uma moça pediu para eu sentar e aguardar. Quando cheguei a enfermeira me chamou no horário agendado. Pediu para que eu deixasse o documento e cartão saúde com a atendente que ela ia fazer os processos administrativos.

Eu pensei comigo, maravilha, já não preciso ficar preenchendo formulários ridículos sobre minha saúde, se tinha histórico de algum caso de doenças coronárias na família, se estava tomando remédios contínuos e etc. Respirei fundo e adentrei numa pequena sala.

Ela mede a pressão, mede temperatura, batimentos, faz perguntas triviais sobre saúde, alimentação, hábitos, doenças familiares. Aquela conversa tranquila, ela anota no computador os dados e o que mais conseguiu coletar nessa breve conversa.

Nesse instante entendo que eu não preenchi o formulário, mas dei todas as informações que ela precisava para preencher. Foi muito mais interessante do que preencher um formulário.

Essa enfermeira me chamava pelo nome, demonstrava interesse sobre a minha saúde. É aquele ponto de ser atendido com respeito, zelo e de uma forma única.

Na sequência, coloco a camisa de volta. Saio da sala e o médico já me aguarda. Sim, parecia que estava tudo cronometrado. Praticamente o médico me aguardava pôr a camisa para entrar ao consultório.

Sento e tenho meus 30 minutos com ele. Sim a consulta durou 30 minutos. Para minha surpresa, ele conversa comigo como se fosse um pai, explicando o que deveria fazer, o que deveria eliminar e quais exames faria para certificar das possíveis doenças. Me trata com respeito, olhando nos olhos e falando constantemente meu nome.

Aquilo me deu uma segurança de que estava sendo tratado como um ser humano e que ele realmente se preocupava verdadeiramente comigo. E não somente com o pagamento da minha consulta e exames.

É essa personalização que as pessoas querem, que os clientes querem, um atendimento com respeito, de forma humanizada, com empatia, com uma real preocupação com o cliente.

Esse é o grau de atendimento que a empresa deve se preocupar. Existem empresas que se preocupam com o volume e outras com a qualidade. Sempre fique do lado da qualidade.

Imagine que o produto e/ou serviço é o bolo, ele tem de ter o recheio uniforme, um ponto certo de doçura, maciez e sabor. O atendimento durante e após a venda é a decoração do bolo.

É essa união do recheio, da doçura, sabor e a decoração que faz o bolo se destacar e as pessoas comprarem dessa empresa e não da concorrência. Mesmo que o produto ou serviço seja mais caro.

5.2 – Experiência da compra.

Algumas empresas criam um processo de compra que simplesmente parece que não querem vender.

Aquela sensação de:

> *"Mas pra que tudo isso, eu só quero comprar e ir embora?".*

Por vivermos num país com alto risco, com altas taxas e com burocracias excessivas, as empresas tentam criar processos para deixar tudo bem amarrado e não haver sofrimento ou erros.

O engraçado é que a empresa cria o processo interno fantástico, mas quem tem de sofrer é o cliente.

Pegue uma empresa que tem os departamentos bem distintos, compras, vendas, fiscal, financeiro e os demais. Cada departamento cria o processo para que não dê nada errado dentro do departamento. E assim por diante.

Ao final o cliente tem uma experiência de compra horrível e as empresas não sabem por que o volume de vendas vem diminuindo ou por que os clientes estão indo embora para a concorrência.

É preciso deixar o processo de compra suave, limpo, sem entraves. O cliente precisa ter uma experiência incrível, para que volte a comprar. Porque é simplesmente fácil fazer negócio com a empresa.

Aquele processo de preencher ficha cadastral, preencher formulário para ser cliente especial com desconto, enviar comprovante de renda, enviar comprovante de residência, enviar referências bancárias, enviar DRE da empresa. Tanta papelada, tanta burocracia que o cliente vai parar e pensar,

> *"MEU DEUS!!! Se pra comprar é assim, imagina na hora da entrega que preciso que seja entregue entre 8h às 12h das quintas feiras!".*

Sim, é sabido que o sistema fiscal brasileiro é extremamente complexo. Mas hoje já existem empresas que fazem essas triagens, para saber se o cliente é um bom pagador ou não. Em minutos. Então a regra é, seja simples, ou contrate serviços para que a empresa tenha uma experiência de compra fantástica. Sem enrosco e sem entraves.

Vou dar um exemplo de uma experiência que tive com essa empresa. E achei fantástico. Essa empresa nada mais é que um supermercado *online*.

Eu não compro tudo com eles, pois gosto de ir ao mercado, para comprar uma boa carne, um tempero diferente, uma cerveja artesanal ou um vinho. Porém o bruto, como arroz, feijão, macarrão, e entre outros, eu acesso a plataforma, seleciono os produtos, clico em pagar. Simples assim.

Seleciona-se o período de entrega. E essa empresa também entrega no período da noite. Vem em umas caixas, bem embaladas, com produtos de marcas consagradas. E já calculei, dá em torno de 10% a 20% mais caro que os mercados tradicionais.

Certamente pode estar pensando que são 10 a 20% a mais de custo no cartão de crédito. Mas analisem comigo friamente.

Eu economizei tranquilamente duas horas de vida por quinzena. Que era se deslocar até o supermercado, achar uma vaga de estacionamento, andar de um lado para outro para achar os produtos da minha lista e obviamente comprar alguma coisa por impulso.

Depois de selecionar os produtos e comprar algo adicional, vou até a fila para fazer o pagamento. Tirar tudo do carrinho, colocar para a moça do caixa computar a compra. Pagar. Ensacar todas as mercadorias.

Ter de colocar de novo no carrinho, fazer o pagamento do cartão de estacionamento. Ir até a vaga onde está o carro, colocar as mercadorias no porta-malas. Devolver o carrinho num ponto onde não atrapalhe as pessoas. E finalmente, se deslocar até a casa para guardar as mercadorias.

Volto a lembrar ao leitor, o empresário tem de estar atento que, além de vender um determinado produto, a empresa está, a todo momento, comprando o tempo do cliente. É só fazer as contas. O consumidor que ganha um salário R$ 5.000,00 por mês, por 200 horas de trabalho por exemplo. Será R$ 25,00 por hora trabalhada.

Os clientes estão começando a entender essa conta. Caso o consumidor, não entenda ainda essa conta, cabe ao empreendedor ou profissional criar conteúdo para entender esse cálculo. Se mostrar que está poupando o tempo do cliente, que é uma unidade de medida que atinge diretamente no bolso, o consumidor irá valorizar a agilidade proposta.

A companhia que se destacar e criar algo que poupe o tempo do cliente e que o entenda, sairá vitoriosa. Em outra ponta, dessa experiência de compra demonstrada trouxe economia, fazendo os cálculos, eu venho economizando 25% ao mês na redução de compra. Porque só compro o necessário. Faltou sabonete, compro apenas o sabonete, aquelas compras impulsivas e desnecessárias morreram, além do tempo economizado.

É nessa experiência de compra que o empresário ou futuro empresário tem de observar. Se essa empresa tivesse um *site* complexo, difícil para executar a compra, certamente ainda estaria comprando nos mercados físicos.

Depois de aproveitar esse tipo de experiência, já estou me arriscando a comprar *online* também temperos, em lojas especialistas em especiarias. Ou seja, muitas vezes uma plataforma vai abrir os olhos do cliente a uma nova experiência.

Algumas empresas ainda estão criando procedimentos, formulários, entraves para supostamente para garantir os processos internos. Perda de tempo, perda de vendas, perda de faturamento.

Use a tecnologia ao favor, como um meio de resolver partes burocráticas e repetitivas na empresa e deixe as pessoas do comercial fazerem o que elas sabem fazer, criar relacionamento com o cliente e vender mais.

5.3 – Experiência de entrega.

Se a empresa ainda não faz entrega ou se pretende montar uma empresa somente com atendimento via balcão, prepare-se para começar a fazer entregas. Esse é um fundamento inicial para ser conveniente. Então precisará ter *delivery*. Se a empresa já tem, ótimo.

A pergunta é:
Está sendo uma experiência de excelência?
O cliente precisa ter uma experiência incrível na entrega também. Que vai além de entregar no horário correto.

É pensar em uma embalagem perfeita para o produto. Gosto de usar o exemplo dos aparelhos da *Apple*. A caixa vem perfeitamente encaixada. Quando vai retirar o produto a embalagem desliza suavemente. As cores são bem pensadas, com tons neutros e brilhosos ao mesmo tempo. É um *design* atrativo, é funcional e é belo.

Se a empresa é de fornecimento de comida, quando o cliente abre, esse alimento tem de estar apresentável. Se for uma comida quente, obviamente tem de chegar quente. Se for crocante, faça com que chegue até o cliente de forma mais fresca possível.

Se for uma roupa, um acessório, a embalagem precisa ser adequada ao produto que a empresa vende. Talvez chegar perfumada, com um cheiro que caracterize essa loja, que marque o cliente no sentido primordial do olfato. Ou uma carta escrita à mão, parabenizando pela compra.

O consumidor enxergará valor nessa entrega. E irá aguçar os sentidos do cliente da forma que irá marca. Muitas vezes a simples embalagem pode criar uma experiência de entrega tão fenomenal que o cliente se mantém fiel. Óbvio que o produto precisa ser, no mínimo, na média da concorrência.

As funções, o *design*, a facilidade de uso, segurança e tantos outros atributos farão permanecer na marca. Ao agregar valor à entrega poderá, muitas vezes, cobrar mais. Aumentar a margem.

Como em todos os capítulos do livro está sendo usado algum exemplo de empresa de sucesso ou fracasso. Existe uma empresa que faz venda de acessórios femininos.

São acessórios muito bonitos, banhados a ouro ou prata. Além do próprio produto chamar a atenção, a embalagem que essa empresa usa, chega a ser digna de usar para dar de presente.

A caixa é rígida para evitar amassamentos no transporte. De uma cor preta e laços dourados. Quando abre a caixa, exala um perfume gostoso que não se sabe qual a marca do perfume, porém virou característico daquela empresa.

E ainda vem com uma carta da proprietária que criou a peça, agradecendo de forma cordial pela compra. O que aconteceu com minha mulher? Ela se apaixonou.

É barato?

Obviamente que não.

São peças bonitas bem acabadas e preocupadas com a entrega. Minha mulher amou.

Agora, minha esposa assim que recebe, prova a peça e posta nas mídias sociais a mais nova aquisição das semijoias.

Ela divulga a marca dessa empresa sem receber um tostão. Já observei, em alguns churrascos e encontros que ela faz com as amigas. As conversas de saberem onde foram compradas e ela informa com o maior orgulho.

Sabe o que é isso? É se preocupar com a experiência da jornada do consumidor. É conquistar um cliente pela qualidade do produto, qualidade do atendimento e experiência da entrega. Além de certamente a empresa fazer propaganda nas mídias sociais ela investe na experiência de entrega para cativar o cliente. E funciona muito bem por sinal.

O processo de entrega mudou de apenas entregar rápido para surpreender o cliente. Entregar no dia e horário combinados é o mínimo que a empresa pode fazer. E muitas vezes, se a experiência for fenomenal, o cliente nem vai se preocupar tanto assim com o atraso da entrega. Pois a experiência de entrega se sobrepõe a essa trivialidade ou falha.

Sabemos que a malha logística brasileira não é das melhores. Logo, até o brasileiro se sujeita a algum atraso logístico. Se a empresa focar numa entrega fantástica esse pequeno deslize de atraso pode ser superado.

Esse é o grau de experiência de entrega que as empresas devem se preocupar. Vai além da logística. Aqui entram os analistas de usuários, definindo qual a melhorar maneira de surpreender o cliente. A equipe de *design* bolando a melhor caixa com o melhor desenho. A equipe de vendas e *marketing* fazendo a publicação e demonstração aos clientes dos diferenciais.

Voltando a lembrar do capitulo de jornada do cliente. Use e abuse de criatividade. A empresa poderá criar um nicho de clientes que está disposto a pagar por esses *"mimos"*. E achará fenomenal.

Existe uma empresa de agenda e materiais de escritório que usam termos *"memes"* e frases prontas de zoeira de escritório.

Usando os termos de escritório de uma forma mais cômica e está fazendo um sucesso incrível, criou um nicho de clientes que está disposto a pagar por uma agenda no valor de R$ 60,00. Simplesmente junto com a agenda essa empresa envia *"memes"*, frases, plaquinhas e adesivos engraçados sobre o momento de trabalhar em um escritório.

Com alguma zoeira, do estilo:

"Você só vai erra se começar a fazer".

"Estamos há _____ dias sem passar raiva".

"Quanto mais você faz, mais você erra".

"Só não mando ir a M... porque sou finíssima".

"Não precisa interagir comigo, eu estou bem".

Frases aleatórias, engraçadas que fazem de um simples caderno, virar uma arte na mesa de trabalho. É nesse ponto que se deve trilhar para ter uma experiência de entrega incrível.

5.4 – Conectividade.

A conectividade é todo tipo de canal que o cliente pode entrar em contato com a empresa. É como o consumidor pode ter acesso para fazer compra.

Através de que canal ele pode comprar?

Esses canais se comunicam?
Se conectam?
O ideal é que o empreendimento esteja sempre *online*. Ou seja, sempre disponível. Se estiver disponível até mesmo nos horários mais inóspitos, maior será a chance de venda. Se não é possível estar sempre *online*, talvez uma saída é estar nos *Market Places*.

> *Market Place: É uma plataforma que une várias empresas num mesmo site de internet. Essa empresa é a mediadora dos fornecedores inscritos nessa plataforma.*
>
> *Exemplos: Americanas, Amazon, Submarino.*

Nesse caso, além de estar em todas as mídias, e todas as plataformas possíveis, vale lembrar fazer um estudo do perfil do cliente para saber qual a plataforma que é mais utilizada pelo consumidor. Justamente para reduzir os custos de investimentos em *marketing*.

Além disso, se está em uma plataforma, é preciso responder o cliente. De nada adianta estar em vários portais e deixar o cliente sem resposta por uma semana. Isso prejudicará a imagem do empreendimento.

Atualmente existem inúmeras portas para ter conectividade com o cliente. Existem as mídias sociais como o *Facebook, Instagram,* que podem criar mensagens automáticas para agilizar o atendimento.

Existe o *WhatsApp*, que além de resposta automática, possui o catálogo de produtos, que pode ser acessado pelo cliente. E existem comentários que o Mark Zuckerberg, proprietário das mídias informadas no parágrafo anterior, estuda a possibilidade de pagamento por essas plataformas.

Óbvio que o Banco Central, em conjunto com os oligopólios de bancos, tentará barrar. Como tentou com o *Nubank*. Esperamos que nosso amigo "Mark" vença mais essa.

Ao ter a empresa cadastrada nos *Market Places* mais famosos, eles geralmente cobram um percentual sobre a venda. Vale a pena gastar esse percentual pela exposição monstruosa e poderá focar em ganhar pelo volume de vendas.

É possível ter o próprio e-*commerce*, evitando pagar as taxas dessas empresas que são mediadoras. (*market places*). Porém, terá de fazer um investimento para chamar a atenção do consumidor para ter acesso ao *site*. Caso contrário, não vale a pena.

> E-commerce: Loja virtual. Um site que possibilita ao consumidor fazer compras sem sair do conforto de casa.

Existem plataformas de pedidos *online*, não é um *e-commerce*. Nada mais é uma página na *internet* com o cardápio ou catálogo de produtos, onde o cliente faz o pedido por esse portal e a empresa recebe o pedido para despachar.

Geralmente usado para negócios locais, de atendimento rápido, como restaurantes, *pet shops*, lanchonetes, comércios varejistas no geral.

A ideia é estar disponível e conectado à rede mundial de *internet* 24 horas e 7 dias por semana. Ao menos tentar ter uma plataforma que permite que o cliente faça os pedidos em qualquer horário do dia ou da semana e a empresa possa processar o pedido no primeiro dia letivo da semana.

Quanto maior for a disponibilidade, maior será a chance de negócio.

Acredite.

Existe uma infinidade de plataformas que podem ser usadas para criar conectividade com o cliente. Existem empresas hoje que unificam todas as plataformas de *e-commerce* e *market place* num mesmo painel. Fica mais fácil a gestão desses pedidos e agiliza as vendas.

5.5 – Autosserviço.

Cada vez mais os clientes preferem o autosserviço. É uma evolução que não tem mais volta. Se permitir que o cliente possa comprar totalmente sozinho, muitos irão gostar da experiência.

Quando se fala de autosserviço, não confunda com a parte de conectividade ou *e-commerce*, onde o cliente faz o pedido ou solicita orçamento, ou apenas um contato através de alguma plataforma *online*. Aqui é a questão de autosserviço no meio físico.

Exemplo: *Drive thru*.

Pode parecer que vai de desencontro com o que foi falado de deixar de ter interação humana. Mas não é verdade. É tornar a experiência mais fácil e agradável ao cliente. Jamais poderá deixar totalmente autônomo.

Nesse momento é impossível, pois estamos numa transição da tecnologia. O consumidor está aprendendo que alguns negócios podem sim, ter um autosserviço, para facilitar o dia. E todos ganham com isso.

Eu espero sinceramente, por exemplo, estar vivo para não precisar mais dirigir, que todos os carros sejam autônomos, que enquanto o veículo trafega eu possa ler um livro, ou ver as notícias ou até mesmo tirar um cochilo.

Para o mercado de varejo isso tende a demorar um pouco, mas haverá oportunidade para deixar o negócio mais prazeroso no autoconsumo.

Vamos a um exemplo de um grande conglomerado de supermercados. A *Walmart* americana já implantou isso a mais de uma década. E agora que começou a ter em alguns mercados nacionais, os caixas de autosserviço. É fenomenal a ideia.

Isso elimina a fila dos caixas, faz o cliente executar o pagamento sem auxílio de uma operadora de caixa. O consumidor mesmo que empacota e vai embora. Sensacional para o cliente e para o mercado.

Cuidado ao terceirizar toda a atividade de caixa ao cliente sem dar algo em troca. Se está eliminando uma caixa, um empacotador e o cliente paga o mesmo preço pelos produtos ou não enxerga vantagem nisso, ele irá migrar para o atendimento no balcão de novo.

O empresário tem de estar pronto para a mudança de cultura propondo algum ganho, seja no tempo do cliente, que é a moeda de troca atual. Se o cliente não enxerga esse ganho de tempo, então a lição de casa é educar o cliente a entender que está poupando tempo. Ou dar um desconto para quem fizer a compra pelo autosserviço. Ou criar um plano de fidelidade com pontuações que podem ser trocadas por produtos no futuro.

    Caso contrário, irá pôr em risco o negócio ou essa inovação que está propondo. Porque pode até ter tentado implantar esse tipo de autosserviço e o cliente não se adaptou porque fez errado. A empresa esqueceu de educar o consumidor que existe uma vantagem de ser atendido com essa tecnologia.

    Por exemplo, tem um mercado em minha cidade que tem autosserviço e tem a opção de caixa comum. Quando existe fila para ser atendido nos caixas, eu até uso o autosserviço, por gostar de tecnologia.

    Porém o local de autosserviço, não é espaçoso. Então fica confuso, pouco espaço para armazenar as compras pagas e as compras não pagas. Eles têm uma balança que fica exigindo que coloque um produto e depois o outro. Não é prático.

    É uma experiência péssima. Eu pago o mesmo preço, sem benefício algum. O que agora me fez migrar para outro mercado local, que possui muitos caixas padrão, com várias atendentes e não tem filas.

    Logo, essa empresa que possui autosserviço fez um migrar para o concorrente. Por não atender minha expectativa. Esse mercado local tem um plano de fidelidade que pontua através do meu CPF e toda compra tenho algum desconto. Um simples meio de pontuação e uma agilidade em me atender, ganhou da tecnologia de autosserviço.

E às vezes esse mesmo cliente pode ser um concorrente o indo comprar para conhecer a nova tecnologia. E pode ver uma baita oportunidade que a empresa que implantou não está enxergando.

Se o concorrente fizer da forma correta, mostrar valor dessa nova tecnologia ao consumidor, treinar o usuário a como usar e como ele ganha tempo com isso, certamente ele abocanhará um mar de clientes que eram da empresa anterior que não soube aplicar essa tecnologia.

A empresa precisa estar preparada para implantar uma inovação de forma tranquila. Tirar da cabeça que agora terá um custo menor, sem uma operadora de caixa e sem um empacotador. Que agora poderá manter os preços e ganhar uma maior margem sobre os produtos. E simplesmente passar para o cliente todo esse serviço de operação de caixa e empacotamento.

Se está pensando assim, está fadado a fracassar. Voltou para o princípio errôneo de criar processos muitos bons para a empresa. E um processo péssimo para o cliente. Esse consumidor irá embora sem deixar explicações. Tenha certeza disso. Vai achar um concorrente muito melhor que essa empresa. Como eu fiz nesse exemplo de supermercado.

Veja outra oportunidade que as empresas varejistas estão estudando. Essas empresas entregam os produtos ao cliente onde ele estiver. Algumas montadoras já estão cadastradas na plataforma *Amazon*, o cliente faz a compra e recebe onde o carro estiver. Basta o entregador usar a senha para abrir a porta-malas e deixar o produto dentro do porta-malas. Simples assim.

A *Walmart* está propondo entregar as compras de supermercado direto na geladeira.

Sim, que loucura, não é?

O cliente faz o pedido *online* e o entregador vai até a casa para entregar as mercadorias.

Além disso, propõe organizar a geladeira com as compras. Se ainda tiver que trocar algum produto que comprou errado, basta deixar em cima da mesa e avisar pelo aplicativo. Eles providenciarão a troca.

Parece futurista, não é?

Mas é a realidade que está sendo criada a passos curtos. Falo passos curtos, pois a cada vez mais rápido se vê uma nova tecnologia se agrupando nas empresas para deixá-las mais convenientes.

Mais conveniente ao consumidor e não aos processos da empresa.

Será que essa alternativa de entrega pega no Brasil?

Quem sabe?

Quem ousaria arriscar?

A empresa ou o profissional quer copiar e sempre ser o segundo ou prefere ser o primeiro? Para ser o primeiro é preciso arriscar, se arrisca?

Então observe, que a ideia desse livro, que já está com mais de 75% caminhado. É fazer o leitor enxergar que a tecnologia está vindo a todo o vapor. E entender se essa tecnologia pode ajudar ou não a empresa que representa.

Melhor, precisa entender se esta tecnologia realmente atende o cliente ou não. É estar aberto para se aprimorar constantemente, sempre evoluindo.

É preciso evoluir para conseguir estar à frente. E o resultado é mais lucro e/ou até mesmo a própria sobrevivência do negócio.

Recapitulando, a questão de autosserviço não elimina as outras fontes de receita. Seja atendimento *in loco*, atendimento externo, televendas, *online* e etc. O autosserviço é um incremento adicional na receita.

É como no pilar de conectividade, se o cliente tiver várias portas para falar com a empresa, aumentará as chances de negócio. Vale frisar que é preciso ter uma sinergia entre todos os canais para não haver confusão. Caso contrário, o cliente pode achar que a empresa é uma bagunça.

Se for para ter vários canais, que tenha com excelência. Caso contrário, não faça. Tenha certeza que um canal funciona, depois adicione mais um, depois outro e assim por diante.

5.6 – Recorrência.

Outro fato importante é conseguir fazer o negócio ser recorrente. Recorrência vai além de o cliente comprar novamente no estabelecimento. Isso já precisa estar intrínseco na mente do empreendedor.

Se conseguir fazer com que o cliente pague uma mensalidade pelo serviço ou produto, terá uma receita recorrente e previsível. É como o exemplo de revista. Paga-se uma mensalidade por mês e tem o privilégio de receber uma revista mensalmente ou na recorrência de impressão da revista.

E não pense que isso só é possível para empresas do ramo de tecnologia como as *SAAS*.

SAAS: Software as a Service. Da tradução em inglês de software como um serviço.

Exemplos: Netflix, Spotify, Empresas de sinal de Internet e TV a cabo, softwares de gestão e etc.

Consegue imaginar uma empresa que não seja de *software* que tenha uma receita recorrente e previsível? Seja pelo produto ou pelo serviço prestado?

Vou dar mais algumas ideias de empresas que estão criando um novo conceito de consumo.

Por exemplo, minha esposa contratou um plano de uma empresa que ela paga uma assinatura por mês e recebe uma revista, alguns petiscos e um brinquedo para o Tunico, nosso cachorro.

Está vendo o quanto o cachorro é mimado, não é?

Se um dia visitarem minha casa, vão ver que sou quase um intruso nessa casa. Tudo está em volta desse ser humaninho. Esse amigo é muito mais bem tratado do que eu. Brincadeiras à parte e voltando ao assunto...

Então mensalmente minha esposa, se senta ao lado do cão, lê a revista com ele. Ela vai alegar que não, mas já a peguei várias vezes falando com voz de bebê para o cachorro.

"Olha só Tunico, que coisa mais linda esse lenço. Quer que a mamãe compre pra você??? Oh gutiguti da mamãe".

Sim, nós seres humanos, conseguimos nos ridicularizar e achar o máximo nisso. Faz parte da beleza humana. Depois de ler, ela brinca com o novo brinquedo e dá aquele delicioso petisco. Isso virou um ritual entre ela e o Tunico.

Faz parte da conveniência que essa empresa enxergou nos clientes e propôs algo novo. Algo diferente. E lá está essa empresa navegando no mar azul, com clientes fiéis que tiram *selfie*, assim que a caixa de produto chega. Postam nas mídias sociais. Uma propaganda de graça, uma publicidade totalmente gratuita.

Isso pode ser feito com qualquer produto ou serviço. Quer mais um exemplo?

Temos empresa que cobra mensalidade para limpar o ar condicionado. Tem outra empresa que cobra mensalidade para limpar a caixa de água. Outra empresa que cobra para limpar a calha.

Claro que já deve estar pronto para perguntar, que isso é um serviço, logo é fácil fazer.

Agora com produto será que é fácil?

Sim, é possível.

Vamos a mais alguns exemplos. Temos empresas que cobram uma mensalidade para entregar marmitex, comida para todos os dias. Com cardápio *fitness* e saudável. Todos os dias um prato diferente.

Tem empresa que cobra mensalidade para entregar frutas diárias no café da manhã direto aonde o consumidor trabalha. Um café da manhã balanceado para se ter uma vida mais saudável

Tudo é possível, senhores e senhoras, pode ser feito. Desde que seja conveniente. A ideia é comprar esse tempo do cliente. Precisa achar um caminho que o consumidor entenda que está ganhando tempo na compra desse produto.

E comprovar o velho ditado.

Tempo é dinheiro.

Para ambos os lados o tempo é dinheiro. Seja ao cliente, ou seja, ao empresário. Ao buscar um modo de receita recorrente, a empresa consegue ter um faturamento previsível. Tendo essa receita mais próxima da realidade do que pode acontecer ao fim do mês, facilita a vida de gestor de onde esse dinheiro deve ser aplicado e como deve ser aplicado.

Com certeza está pensando que isso é muito difícil. E realmente é. A empresa de vendas de produtos no varejo físico é muito difícil de conseguir 100% de receita de forma recorrente. Procure alguma maneira de tornar pelo menos uma parte dela recorrente. Isso ajudará o equilibrar o fluxo de caixa da empresa em momentos difíceis.

Pegue exemplos de clube de futebol, os sócios mantêm o clube em troca de alguns benefícios. Talvez criar um plano de fidelidade de taxa mensal com um benefício ao cliente. Ou um plano de manutenção mensal da empresa aos equipamentos do consumidor.

Existem muitas maneiras de criar uma recorrência para a empresa. Basta estudar como pode ser mais conveniente e inovador ao cliente e propor essa nova demanda de mercado. E, principalmente, faça alguma coisa, não espere ter o plano perfeito. Tente algo agora e faça.

Muitas empresas esperam elaborar planos altamente complexos para fazer algo diferente. Demoram séculos para pôr em prática ou até esperam um concorrente aplicar para ver se irá dar certo.

Se a ideia de recorrência é muito complexa, quebre em partes, elabore planos menores que possam ser aplicados agora e medidos. Na sequência observe se está no caminho, valide com o cliente se essa ideia é boa. Dê um passo de cada vez. Mas faça algo agora enquanto existe empresa.

5.7 – Seleção de conteúdo.

Além de vender o produto é preciso selecionar conteúdo para atingir o cliente. O conteúdo precisa ser mais abrangente do que o produto ou serviço pode resolver. É trazer informações adicionais que vão além dos termos técnicos do produto/serviço.

É poupar o cliente da enxurrada de informações que ele recebe de inúmeras fontes, que o deixa confuso. É levar esse conhecimento para perto do cliente. Conhecimento e experiência já filtrados da maneira mais correta possível.

Isso gera valor e confiança na marca. Se a empresa conseguir gerar conteúdo de conhecimento, ou distribuir um pouco de conhecimento ao cliente, isso vai gerar confiança e o velho ditado é absolutamente verdadeiro.

"Só trabalho com gente que confio!".

É uma verdade absoluta e ninguém pode negar. Fazer negócio é assim também, se tenho dúvidas no que o fornecedor de produto ou prestador de serviço pode oferecer eu não o contrato.
Não é verdade?
Vou dar um exemplo de distribuir conhecimento que vem dando certo num ramo que ninguém mais acreditaria, ninguém mais imaginaria que esse setor um dia voltaria aos negócios e com crescimento de 20% ao ano.
Já falamos sobre isso no capítulo anterior. É o vinil, é a onda do momento ter uma vitrola em casa. Ir à loja, folhear os discos e escolher, conversar com quem tem uma bagagem infinita das músicas.
Atualmente temos *Spotify*, uma tonelada de músicas, de qualidade extrema. Mas não tenho o conhecimento de onde surgiu aquela música preferida. Ou sobre aquele álbum, remontando a história da banda. Até porque os *hits* do momento não passam de dois meses.
Mas aqueles verdadeiros clássicos, que têm conteúdo fantástico de história e têm aquela sensação de te trazer a nostalgia dos tempos da "brilhantina", tempos em que não existia *internet*.
De comprar um disco do álbum favorito e com cuidado abrir a embalagem. Sentir o cheiro único de um LP. Colocar na posição, ligar a vitrola e levar o braço lentamente. Aquela arranhada que não tem

igual, da agulha encostando no disco e começar a sair o som.

É uma tecnologia arcaica, mas convenhamos que é impressionante a engenhosidade de como a música sai daqueles sulcos do vinil através da agulha dos LPs.

É um mercado em ascensão. O conhecimento que surpreende o consumidor, traz uma história sobre cada disco, como foi produzido, em que *show*, com que baterista, quem estava no baixo.

Essa questão somente uma mente humana pode proporcionar, essa seleção desse conteúdo. Mesmo que seja uma loja *online*, precisará dar um suporte de extrema qualidade musical para esse consumidor. Nem todos têm essa disponibilidade e conhecimento para isso. Mas para quem tem tempo, pode ser um bom negócio.

A verdade desse pilar é que a empresa precisa ter um especialista e de alguma maneira transportar esse conhecimento para o cliente. Para que ele também seja um especialista e futuramente seja um protagonista vendendo, propagando os produtos pelas mídias sociais ou de boca em boca, num churrasco.

Quer exemplo?

Alguns supermercados fazem um aulão toda a semana com novas receitas, cozinham, fazem o passo a passo e mostram como fazer aquele prato fantástico. O cliente já sai da aula para fazer as compras da semana e já compra aquela receita que acabou de aprender.

Isso cria um laço com o cliente que vai além da compra, a empresa está treinando-o numa atividade que ele gosta de fazer e sempre vai lembrar dessa empresa na hora de comprar os ingredientes.

Quer outro exemplo?

Existe uma empresa, que o leitor deve conhecer, que é um varejo de várias coisas voltadas para decoração e construção. Ela tem desde a matéria-prima, as ferramentas e os equipamentos necessários para o cliente mesmo fazer o próprio artesanato ou móvel. Ou, se preferir, já tem algumas unidades prontas para a maior comodidade.

Ainda buscando distribuir o conhecimento essa empresa oferece treinamentos ou seminários sobre como instalar um forro, ou como instalar laminados, ou como fazer a hidráulica de um banheiro. Ou seja, essa empresa presta um conhecimento, em teoria de graça, ao consumidor interessado nessa área, seja para lazer e fazer em casa ou virar um profissional daquela área.

Com isso o cliente registra um vínculo com essa empresa. Que irá, por fim, comprar dessa empresa por esse vínculo. Desde que faça o serviço de casa muito bem feito como citado nos pilares anteriores.

A ideia desse pilar é justamente buscar algum conhecimento adicional, que agregue valor ao consumidor, fazendo com que a empresa seja um canal de conhecimento e o cliente não migre para qualquer propaganda nas mídias sociais.

Ser uma fonte de conhecimento fará poupar tempo daquelas milhares fontes de informação que ele recebe a todo instante e fará ainda poupar até mesmo dinheiro. Que se colocarmos em pauta, ambas representam a mesma coisa.

Outro exemplo que vale a pena citar são os bancos digitais. Além de serem campeões no quesito reduzir as burocracias e fazer os consumidores pouparem dinheiro, agora os bancos vêm ensinando as pessoas a investir.

Quem tem mais de 30 anos sabe muito bem que, em teoria, os bancos tradicionais têm inúmeras possibilidades de fazer investimento. Mas sem muita clareza, que muitas vezes o gerente escolhia para o correntista pela meta que o bancário precisava bater, sem avaliar o perfil de cliente.

Então as pessoas ficavam à mercê de um suposto profissional que sabia o que era melhor para se investir naquele momento. Eu mesmo já perdi dinheiro nesses investimentos absurdos que os bancos criam para literalmente "comer" dinheiro.

Eram profissionais preocupados com bater as metas, preocupados com os bônus de fim de ano. Esqueciam da realidade e da necessidade daquele cliente. Se perdesse dinheiro do correntista, oras, perdeu. Por mais que o gerente havia escolhido esse tipo de investimento para o correntista o culpado ainda era o cliente.

O que os bancos digitais fazem agora é permitir que o cliente escolha. Essas *startups* dão um pouco de conhecimento, mandando informativos de como estão as bolsas de valores, como estão caminhando os índices CDI, CDB, fundos de investimento, tesouro nacional etc. Até dão algumas sugestões, mas fica a critério do cliente a decisão.

Sem aquelas pressões desnecessárias de bancos tradicionais.

Então permitiram que o cliente conhecesse um pouco mais sobre o que é investimento a curto prazo, longo prazo, ações, letras do tesouro, fundos imobiliários, debêntures e etc.

Agora o cliente, entende para onde o dinheiro está indo, como está sendo indexado, e se tenho chances de ganhar muito dinheiro ou minimizar meus riscos.

É esse tipo de pensamento que é preciso ter para a seleção de conteúdo. É gerar um material realmente concreto e verdadeiro para o cliente tornar-se um quase especialista no assunto.

Assim o consumidor terá mais conhecimento e sempre irá te consultar essa empresa para a tomada de uma decisão. Pois foi essa empresa que o acolheu de graça e passou um pouco de conhecimento no momento que o consumidor precisava.

E fique certo, se o ajudar nesse momento, ele será o principal ator global fazendo propaganda dessa empresa nas mídias sociais.

5.8 – Efeito surpresa.

Foi falado por várias vezes que tem de conhecer o cliente a fundo. Então depois de conhecer o cliente a fundo, saberá como atingi-lo de forma surpreendente.

Feito isso, é aconselhável conhecer a concorrência. Descubra o que a concorrência faz de surpreendente que a empresa ainda não faz. E validar se realmente essa ação chama a atenção do cliente.

Por exemplo, um cartão à mão pela concorrência pode ser visto como uma cortesia marcante, que realmente representa um cuidado com o cliente final.

Então essa técnica vai além do cliente, é preciso entender muito bem a concorrência. E realmente fazer uma surpresa ao cliente.

"Mas como vou surpreender o cliente?".

Vamos a mais um exemplo.

Tem uma pizzaria em Joinville que eu adoro. Porque eles fazem umas pizzas, que além de muito saborosas, são pizzas muito diferentes. Existe uma pizza que vai gorgonzola, manjericão, nozes, linguiça, uma combinação que poderia ficar estranha ao ler, mas garanto que é muito saborosa.

No mesmo pedido, eles enviam uma porção muito satisfatória de *crostini*.

> *Crostini: uma espécie de massa bem fininha, com temperos deliciosos. Que serve como uma entrada, antes da pizza.*

Nenhuma pizzaria da cidade faz isso, pelo menos das 30 que já conheço. Surpreendem com uma pizza de sabor bem diferente, ingredientes bem diferentes e uma cortesia fantástica. Esse foi o efeito surpresa que essa empresa conseguiu registrar na minha mente. Sempre que quero uma pizza com sabor diferente para impressionar os convidados, eu compro dessa empresa e não da pizzaria vizinha aqui do lado.

Sim, é uma das mais caras da cidade.

É impossível ir duas ou três vezes por semana, não somente pelo bolso, mas também por questões de saúde. Imaginem que eu já tenho pressão alta e colesterol alto. Então é necessário cuidar na saúde. Mas sempre que quero comer uma pizza saborosa, é de lá que eu peço.

Por que eles sempre me surpreendem com um *crostini* delicioso que supostamente é de brinde. Uma pizza fantástica de sabores bem diferentes. Isso me cativa e cá estou propagando essa empresa ao leitor sem ganhar um tostão ou sequer uma pizza.

Então essa pizzaria entendeu que o concorrente faz uma pizza tradicional e sem uso de diferentes sabores exóticos e também não oferece nada além de uma tele entrega rápida, que já é uma ação padrão. Entregar rápido já deixou de ser um efeito surpresa.

Ele inovou o modo de vender. Essa pizzaria me conhece, ela sabe que a pizza dela é mais cara, mas quer ser a escolha daqueles clientes que não se importam em pagar um pouco mais pela pizza, tendo um produto de qualidade que sempre surpreende com sabor e um ótimo *crostini*.

Quer outro exemplo?

Já falamos da Americanas aqui. É um grande *Market Place* que facilita a vida do cliente. Além do *Google* de hoje, é possível consultar o grupo Americanas como um balizador de preços.

Porque os melhores fornecedores e os mais confiáveis estão lá. A Americanas propôs isso no negócio. Um local onde o cliente pode confiar na hora da compra, mesmo que não seja comprado diretamente da própria Americanas.

Essa empresa faz um *ranking* e exige que os fornecedores, forneçam os produtos dentro de uma qualidade mínima e no tempo de entrega mínimo possível.

É assim com a *Amazon* também, que a meu ver é muito melhor que a Americanas.

Mas ainda estão pedalando aqui no Brasil, em breve será um grande concorrente do Sr B2W, ao conhecido Jorge Paulo Lemann. Ele que se prepare.

Voltando ao assunto, então hoje, ao acessar essa plataforma, se tem inúmeros fornecedores, se pode comparar os preços, modelos, funções, valor de frete, prazo de entrega e etc.

Virou o *Google* para comprar qualquer produto.

Mas pode estar se perguntando

O que tem de surpreendente nessa empresa?

A estratégia que eles usam e funciona muito bem, é justamente na questão logística. Sabemos que no Brasil o custo logístico é alto e falho. Muitas vezes o custo ainda deixa de ser uma questão fundamental, mas o prazo é importante. É difícil cumprir prazos nesse Brasil. É uma realidade em muitos setores.

E lá está no *site* da Americanas informando que a entrega será feita em 15 dias. E o que eles fazem para me surpreender, é entregar em 7 dias. Eles informam uma gordura de tempo. Surpreendem o cliente com essa agilidade. Ainda informam pelo *Whats* o movimento do produto que recebe na metade do tempo.

Está entendendo onde eu quero chegar?

O cliente fica feliz e a empresa fica feliz por ter cumprido o prazo, na verdade, por ter superado o prazo, entregou na metade do tempo e isso cativa o cliente.

Então a principal definição desse pilar, de criar um efeito surpresa, é a empresa entender a concorrência e como superar ela de alguma forma. Ser diferente é muitas vezes ser melhor. Após conhecer muito bem o concorrente local, o próximo passo é como pode surpreender o cliente.

A Americanas teve a sacada que muitas empresas não tiveram, além de ser realmente mais rápida que outras concorrentes, ela entrega na metade do tempo.

Acaba criando um efeito surpresa no cliente, no cerebelo dele, fica registrado que se comprar dessa empresa, a Americanas, será mais rápido que os demais concorrentes. E hoje muitas pessoas confiam nessa surpresa que eles vão criar.

Quer outro exemplo, como isso funciona muito bem na mente dos clientes? A velha tática, que funciona muito bem até os dias de hoje. Algumas empresas quando vendem um produto informam que o frete é de graça. Quando ao comprar qualquer produto, muitas vezes as pessoas consultam valor do frete, pois pode ser a diferença para comprar de uma empresa ou de outra.

Vamos criar um exemplo fictício aqui. Diremos que somados o valor do produto e valor de frete são 100 reais. Depois, ao encontrar um fornecedor do mesmo produto, essa empresa informa que não cobra o frete e o preço do produto continua pelos mesmos 100 reais.

O que nosso cerebelo entende, é que no segundo caso é melhor do que o primeiro, pois informa que o frete é grátis é mais vantajoso. É incrível e funciona. Os varejistas usam muito essa estratégia.

Essas são algumas táticas ou situações que podem surpreender o consumidor.

É fácil surpreender o cliente?

Obviamente que não. Caso contrário, todos estavam fazendo e outras empresas estariam apenas correndo atrás para copiar. Realmente é muito difícil surpreender o cliente. Criar esse efeito surpresa.

Chega de cópias, crie, seja o primeiro. Arrisque. Vá em frente sem medo. Se errar, calcule, estude o porquê deu errado e tente de novo. Aqui realmente é analisar o perfil do cliente e tentar achar uma lacuna que nenhum concorrente fez ainda para surpreender o consumidor. E claro, TBC e coloque em ação.

5.9 – Desenvolver a equipe.

Desenvolver a equipe é fundamental para qualquer empresa, afinal os colaboradores não vivem para sempre. É preciso passar o bastão da melhor forma possível para que as pessoas que ficarem consigam continuar o legado da companhia.

Desenvolver deixa de ser apenas dar autonomia ao gestor recém-contratado para as tomadas de decisões. Ou pior, dar a suposta autonomia para o novo gestor e tomar todas as ações sem consultar o novo contratado, porque é simplesmente o dono do negócio.

Aprenda a desenvolver e treinar a equipe, eles estão focados nas atividades que foram contratados. Eles saberão como fazer melhor e como fazer mais rápido. O que precisa ser feito é dar a direção para eles, seja um guia.

Mostrar que o cliente é o cerne da empresa e que os processos e atividades devem ser feitos em torno do cliente e não em torno de um departamento.

É fazê-los entender a jornada do cliente, que é a principal causa de todos estarem ali trabalhando, focados para desenvolver um único fluxo perfeito que faça o cliente voltar a comprar e/ou virar uma receita recorrente.

Tenho certeza que o leitor deve ter passado na vida profissional, uma ou duas situações como essa. Ou, no mínimo, ter vivido uma delas.

De um lado temos o empreendedor que contrata uma pessoa de alto calibre, deu todas as autonomias possíveis e pronto! Achou que todos os problemas daquele departamento estavam resolvidos ou as dificuldades da empresa estavam resolvidas.

De outro lado, se o leitor é um profissional, pode ter sido contratado por uma empresa e simplesmente jogado no departamento. E teve de fuçar, aprender na porrada, brigar com o departamento vizinho e sair estressado de várias

reuniões improdutivas e com mais um bilhão de coisas a fazer.
Sabe o principal culpado em ambas as ocasiões?
O proprietário. Sempre será o dono. É ele quem dissemina a cultura da empresa.

Se ele precisava contratar alguém de calibre para solver algum problema, deve ter certeza que vai além da bagagem universitária desse profissional que está sendo contratado. Essa pessoa precisa ter os valores que a empresa prega, ele precisa entender a essência do negócio, como o proprietário acredita.

Trazer uma pessoa por simplesmente ter as qualificações técnicas necessárias pode ser muito arriscado para o negócio. Pode acabar pagando um salário muito alto, extremamente gordo, para uma pessoa que está ali só por esse bônus. E nada mais.

Vamos a um exemplo que eu mesmo presenciei. Uma empresa precisava de uma pessoa para resolver as questões fiscais internas do Brasil e das importações. Era literalmente reduzir essas despesas. Essa pessoa veio com um alto salário.

Realmente se dedicou para buscar a melhor maneira de redução de impostos. Porém, chegou um momento que deixaram de passar a essência dessa empresa, de desenvolver essa pessoa e ele chegou num ponto que já havia conquistado os objetivos que a empresa impôs, foi uma melhora significativa nos resultados. E esse profissional se acomodou.

Em uma determinada hora essa pessoa estagnou, ganhando um salário altíssimo e deixou de trazer benefícios para a companhia. Era uma companhia americana e americano é focado em resultados. Se o gestor deixa de cumprir as metas, a cabeça poderá estar a prêmio.

Antes mesmo de ser desligado, ele buscou uma nova oportunidade e se foi embora. A empresa ficou ali desamparada, já havia resolvido parte dos problemas. Mas como a empresa deixou de desenvolver e esse profissional também "esqueceu" de desenvolver outra pessoa para substituí-lo, todo o trabalho estava se desmoronando.

Por sorte, um assistente bem assessorado e com os valores da companhia conectados com os valores próprios, localizou uma nova solução para um problema grande da companhia.

Ele avaliou que alguns componentes poderiam ser nacionalizados, fabricados por empresas do Brasil e que isso reduziria drasticamente os custos fiscais da companhia. Mesmo sendo de um departamento fiscal, por ter a essência de olhar a empresa como um todo, buscou uma nova alternativa que ajudava a todos.

A equipe de importação teria menos trabalho e menos impostos a pagar. A equipe de compradores ganhava uma nova carteira de compras com resultados melhores. A equipe fiscal ganhava com a redução de trâmites fiscais. E melhor, o cliente ganhava com a redução desses trâmites, pois a empresa poderia trabalhar com preços menores e mantendo a mesma margem.

Esse é apenas um exemplo, que tenho certeza que o leitor já presenciou de algum profissional ser contratado sem os mesmos valores da companhia. Ou daqueles que ainda simplesmente fazem o literal "fazer feijão com o arroz". As empresas e os profissionais estão querendo algo a mais, desafios, querem se desenvolver profissionalmente.

De um lado pode estar um profissional com garra e muita vontade de desenvolver algo novo. E espera que a empresa tenha um dono, um gestor, que com a experiência possa guiá-lo da melhor maneira possível.

Do outro lado temos o empresário que quer contratar uma pessoa para resolver os problemas, para que ele possa trabalhar menos e manter os mesmos rendimentos, mas esquece que sem transmitir a essência da empresa, a experiência, ser verdadeiramente um guia, certamente irá fracassar como gestor.

Para evitar assumir a falha, irá pôr toda a responsabilidade no RH, que não soube contratar. É a velha estratégia de culpar outra pessoa ou outro departamento. Sem olhar a empresa como uma grande engrenagem.

A frase de João Apolinário é verdadeira,

"*O papel de um CEO é o mesmo de um bom maestro. Ele não precisa saber tocar todos os instrumentos com maestria, mas precisa saber escolher quem toca, para que haja harmonia*".

Então o verdadeiro dono de um negócio, precisa ser o maestro e reger a equipe de uma forma harmônica. Muitas vezes até vai ter de dar alguma instrução sobre como fazer o trabalho, mas deve estar sempre preocupado em ensinar, demonstrar como deve ser feito e deixar para que as pessoas o façam.

Essas mesmas pessoas quanto tiverem o mesmo valor e propósito que o empresário tem e estiverem bem desenvolvidas profissionalmente, irão pensem no futuro da empresa para as próximas décadas.

As empresas de tecnologia usam muito esse lema, que chamam de *fit* cultural, que é justamente as pessoas terem o mesmo pensamento, filosofia, o mesmo modo operante de fazer as coisas que os donos da empresa.

Quando as pessoas chegarem ao nível de estarem conectadas com a cultura da empresa, focadas em fazer as atividades para o bem da companhia, surgirão novas ideais, novos produtos, novas soluções e todos tendem a ganhar com isso.

Por mais que a nova ideia pareça absurda, o bom CEO vai ouvir essas pessoas para criar engajamento e dar direcionamento para a equipe.

As pessoas precisam saber para onde a companhia está indo e como deve chegar lá. Habilidades técnicas podem ser ensinadas. A equipe precisa receber uma informação clara e objetiva de como devem participar dessa evolução. De como podem ajudar a fazer isso acontecer.

O que vemos nas empresas são gestores com uma péssima comunicação, falta de clareza e ainda tem alguns que mascaram informações por achar que o funcionário não precisa saber desses detalhes.

É justamente no detalhe que a equipe tem de estar a par. Eu não fui militar, mas tenho amigos formados na força militar. A comunicação e trabalho em equipe é essencial para a vitória de qualquer exercício militar ou até mesmo uma guerra.

Os gestores devem parar de achar que já desenvolvem equipe, dando a suposta autonomia sem direcionamento. Apenas contratar as pessoas, dar um *notebook*, criar áreas coloridas com *puffs* e frutas à vontade, sem desenvolver as pessoas isso de nada adianta. Depois se lamentam por que a empresa tem um grande *turnover*.

> *Turnover: Tradução livre de rotatividade. É um índice usado nas empresas para saber a rotatividade de pessoas. Admissão x demissão.*

Muitas vezes o gestor implanta as métricas do ano e espera até o último trimestre para cobrar dos colaboradores porque não alcançaram as metas e ainda na base do "chicote". Apenas dando porrada sem dar direcionamento de como alcançar aquelas metas.

Participar, se envolver, demonstrar como deve ser feito. Se como está sendo feito, não atende as expectativas da companhia. Explicar e pedir para a pessoa buscar uma alternativa mais rápida, ou com menor custo. Treine e desenvolva as pessoas para estar sempre buscando fazer algo novo, alguma solução nova. Para eles terem o mesmo espírito de empreendedor que o dono possui.

Quer dizer, se o leitor ainda tem dificuldade de desenvolver pessoas, aperte o sinto e TBC. Comece a observar o negócio de outra maneira. É preciso desenvolver as pessoas para atingir os objetivos macro da empresa ou até mesmo para sobreviver ao mercado.

Se hoje o leitor é um gestor, um proprietário de empresa, faça a jornada do cliente para certificar que a companhia ou departamento esteja fluindo corretamente com as atividades que atingem diretamente o consumidor. Fazer essa jornada, sem o auxílio de um funcionário interno ou de burlar os processos internos dessa jornada.

Ao fazer essa atividade e não ver nada de errado, certamente teremos duas alternativas dessa conclusão.

A empresa é uma companhia fora da curva. E está ganhando bilhões. Como a *Amazon*, *Walmart* e etc. Ou está se iludindo e colocando a culpa no dólar, ou no concorrente, ou na crise, ou no RH que supostamente contrata errado. A culpa é exclusivamente desse empreendedor. Seja gestor ou proprietário.

Quer um exemplo de empresas que poderiam ser um ícone de sucesso nos dias de hoje?

A empresa *Xerox* foi a primeira a desenvolver o computador pessoal, e os gestores não acreditaram no negócio. Quase faliu.

A Kodak, que foi a maior empresa de máquinas fotográficas, parou no tempo, não viu a evolução digital. Virou massa falida.

A *Netflix* tentou se auto vender ao maior conglomerado de locação de vídeo.

O que aconteceu a *Blockbuster*?

Faliu.

Então, é preciso dar liberdade e direcionamento à equipe, para que essa equipe possa criar algo novo, algo mais rápido, mais eficiente, mais conveniente. Esse é o verdadeiro papel de um líder no desenvolvimento de pessoas. É dar autonomia com responsabilidade e sempre guiando a equipe para o melhor resultado.

Aquele gestor que ainda está parado no tempo e se preocupa que tudo tem de passar por ele, logo estará fadado a ser ultrapassado. O que vejo nas empresas que visito, é que os gestores de cada departamento criam processos super travados, para beneficiar a si próprio ou a equipe, mas esquecem que esses procedimentos podem prejudicar outro departamento ou até mesmo as vendas.

Canso de receber retorno de vendedores altamente qualificados que descrevem que as empresas querem mais vendas, mais margem, mais lucro. Enquanto internamente as empresas criam mais procedimentos, mais entraves, mais processos, mais burocracias que parecem uma bola de ferro presa ao colaborador da área de vendas, mas exigem que o mesmo corra uma maratona.

Volto a dizer, que a venda é o cerne de uma empresa. Tudo deve partir do fora para dentro.

Os procedimentos, as atividades de rotina, os produtos, as soluções devem partir do cliente para o interior da empresa. E o que vemos é o contrário, os departamentos criando procedimentos e empurrando para o cliente a dificuldade de fazer negócio.

Desenvolver a equipe dará mais tempo para pensar no estratégico, onde a empresa estará daqui a 10, 20 ou 100 anos.

É o exemplo da empresa que citei anteriormente, que está há 10 anos está dominando o mercado e agora está buscando qual será o produto que substituirá a própria invenção. Isso é um gestor, isso é um líder preocupado com o futuro. Enquanto ele treinou os supervisores para dar harmonia à orquestra que ele mesmo criou.

Dê autonomia, direcionamento e responsabilidades à equipe.

5.10 – Se errar, resolva rápido.

Umas das coisas importantes para os negócios e para a vida é "Aprenda que errar é humano e é preciso errar. Mas ao errar, aprenda a resolver rapidamente".

Nada de lamúrias, por que a vida é cruel, o cliente é cruel, o governo é cruel e etc. e tal. Sem dar desculpas. Se algo aconteceu de errado, conserte rapidamente e depois entenda por que aconteceu daquela forma.

Inúmeras empresas tentam chegar à perfeição. Colocam o produto e o serviço num pedestal. E praticamente acusam os clientes de não saberem usar o produto ou o serviço adequadamente.

As empresas de tecnologia e profissionais da área de TI são campeãs nesse aspecto. E não se sintam culpados ou ofendidos. Faz parte do ser humano. E o importante é entender o que está acontecendo e resolver.

Muitos profissionais e empresas dessa área criam um produto fantástico. Estão muito à frente dos clientes no quesito tecnologia, por trabalharem com a metodologia de inovação constante, então entender de lógica, entender de programação e sistemas é muito fácil para esse tipo de empresa e profissional.

Porém, os clientes estão começando a usar a ferramenta ou solução e terão dúvidas. E obviamente ligarão para as centrais de atendimento ou *chat online*. E volta aquela questão anterior.

Será que a equipe está bem treinada e desenvolvida para atender essa demanda?

A realidade muitas vezes é outra. Em algumas ocasiões por ter um salário defasado para esses profissionais de atendimento e também um treinamento e/ou desenvolvimento inadequado, os clientes são mal tratados, tratados com certa ignorância. E até deixados de lado. Porque falta paciência e tato das pessoas *hightech* com as pessoas que são de outra geração.

Vou dar um exemplo que tive a experiência de um banco *online*. É um banco fantástico. Realmente gosto de usar esse banco. Não vou citar o nome para não manchar a ótima reputação que tenho deles. Eu acredito que realmente a gestão dessa equipe está com problemas. Mas já digo, não é o *Nubank*.

Então esse outro banco *online* que tenho conta. Eu tive de pesquisar uma transferência que tinha feito no passado. Primeiro não acessava pelo aplicativo, era obrigado acessar por um *desktop*. Achei ruim, mas pelo menos estava perto de um *notebook* e poderia fazer o acesso.

Acessei a página, como já é comum e de minha rotina. Tenho certa facilidade com tecnologia, então não tinha problema. Porém, quando clico na opção de segunda via do comprovante a tela atualizava e volta para a página principal.

 Achei estranho e fui para o aplicativo. Chamei um atendente para saber como poderia resolver meu problema. Explico em detalhes no chamado que já acesso com frequência, sei um pouco de tecnologia e preciso realmente de ajuda.

 Porque sei que essas pessoas, nas centrais, muitas vezes lidam com clientes que têm realmente dificuldade com a tecnologia. Então queria encurtar, já dizendo que conhecia bem a tecnologia e usava com frequência.

 Informo ao jovem que preciso desse comprovante, que é uma urgência, e que a plataforma pode estar com algum erro. Ele faz o processo padrão, desnecessário para um cliente do meu perfil. Aqui deveria entrar o atendimento personalizado que foi explicado anteriormente.

 Então ele pede para acessar de outro navegador. Já tinha feito isso. Vou ao outro navegador e o mesmo erro. Informo que devido à urgência para aquele momento, se ele podia fazer o envio do documento. E o atendente informa que não, que isso é de acesso exclusivo do correntista.

 Ele parte para um novo passo, que é a limpeza de *cache*. E informa que isso vai funcionar. Vou e faço essa limpeza e para aproveitar mando reiniciar o computador. Porque sabia exatamente que ele pediria isso na sequência. Mas não informo. Espero as duas atividades terminarem.

 Acesso novamente e o erro persiste. Novamente falo para o atendente, verificar se existe a possibilidade de ele enviar o documento. Que eu até mandava um *e-mail*, se fosse necessário para autorizar essa atividade. Ele informa que não, que realmente deveria ser acessado pelo cliente.

Qual a próxima etapa? Ele pede para reiniciar o computador. Eu informo que já fiz e faço uma última tentativa. Pedindo pelo amor de Deus, que ele envie o arquivo. Ele continua seguindo o protocolo de não enviar. Ao final do atendimento, me pede uma nota de atendimento.

Obviamente que dou zero. E informo no campo de observação o ocorrido. Em menos de 24 horas, recebo o *e-mail* com pedidos de desculpas e o documento anexado.

Então esse é o conceito. Erre, mas conserte rapidamente. E depois entenda o que aconteceu. Se foi um erro realmente de usuário/consumidor ou se foi da empresa. E trate para não mais acontecer. Porque isso pode manchar até mesmo o melhor produto ou serviço do mundo.

Vamos a um exemplo ruim. Sim. É necessário avaliar as duas pontas do *iceberg*. Eu sou usuário frenético de aplicativos. Vou citar outro caso que aconteceu comigo. No aplicativo mais tradicional de pedidos de comida.

Selecionei o restaurante que estava nessa plataforma e fiz meu pedido. Até aí tudo normal, é só terminar de pagar e depois esperar pela comida. Ao chegar, o restaurante enviou o pedido faltando alguns itens. Informo pelo próprio aplicativo que estava faltando.

A atendente informa que não, que o produto saiu completo do restaurante, tem de estar na sacola. Eu volto para a sacola, que é pequena. Porque a colaboradora escreveu com tanta convicção que eu fiquei em dúvida se tinha algum compartimento mágico para armazenar duas latas de refrigerantes.

Volto ao aplicativo e informo que realmente não veio. E ainda dou a sugestão que pode estar com o motoboy, talvez esteja no bauleto da moto ou em outra embalagem. E do outro lado da linha, a senhorita me informa que não. Que saiu em apenas uma sacola e tem de estar comigo.

Desisto de ser atendido. Faço um suco e como o hambúrguer. Depois de algumas horas, esse mesmo restaurante confirma que realmente não havia enviado o refrigerante. Que o motoboy havia esquecido na caixa de separação de pedidos do estabelecimento.

Eu acredito que essa empresa, provavelmente já deve ter passado por problemas de que alguns clientes serem desleais e tentarem ganhar um refrigerante de graça. O que não seria o meu caso. Eu informo que não há necessidade de enviar, por já ter jantado. Desisto de receber o reembolso e também nunca mais compro dessa empresa. Antes de acusar que eu era o errado, praticamente chamar o cliente de desonesto, certifique a falha.

Esse é o pilar descrito aqui, que pode até errar, mas conserte rápido. Em alguns casos, até a empresa pode pagar por um erro que o cliente mesmo cometeu. Geralmente são os casos de receber pouca instrução de uso mais adequado do produto ou serviço.

Mesmo assim, a empresa é a culpada. Porque se o cliente está errando, algo ainda está errado. Está mal comunicado ou mal entendido. E a culpa é totalmente da empresa. Exclusivamente dela.

    Certamente existirão pessoas de má índole que poderão tirar proveito da empresa. Que também é um erro da companhia. É necessário criar alertas, procedimentos, para que blinde esse tipo de ocorrência. Mas sem deixar o processo travado. Conforme o conceito 2, experiência de compra.

    É fácil?

    Claramente que não.

    Resolvendo rapidamente, esse tipo de atitude fará a empresa surfar num oceano azul, com menos concorrência. Bem diferente da concorrência, que está pensando nesses pequenos detalhes, nessas pequenas despesas.

    Pare para imaginar, eu deixei de comprar nesse restaurante por causa de um refrigerante de R$ 1,99. Ainda irei relatar isso na plataforma, como um péssimo atendimento e de praticamente ser acusado de ladrão.

> *Quanto vale a reputação da empresa?*
>
> *Quanto é o custo que está disposto a pagar por manchar a imagem perante o mercado?*
>
> *Quanto será o custo para reaver novamente aquele cliente ou adquirir novos clientes com essa reclamação aberta a público?*

    Errar é humano e também saudável para as empresas. É literalmente com os erros que se aprende. Tanto na vida como no meio corporativo. Então se for errar, erre e conserte rapidamente.

Depois trate internamente com a equipe de como resolver de uma vez por todas para esse problema deixar de ocorrer. Sempre levando em consideração que a análise desse erro deve ser aprofundada e resolvida de forma simples.

Se for para construir processos burocráticos para resolver o problema internamente e criar uma confusão ainda pior na hora da venda, é preferível não fazer e pagar pelo erro.

Avaliar sempre a jornada do cliente. Buscar soluções simples e eficazes para os dois lados. Resolver internamente para evitar desperdícios e suavizar o modo como o consumidor compra os produtos ou serviços.

6 – *Insights* e ferramentas que podem ajudar.

Dessa parte em diante do livro, são ideias e ferramentas que podem te ajudar a formatar a nova empresa, ou criar um novo produto ou serviço usando essas ferramentas. Até mesmo resolver problemas dentro da atual empresa. Seja como profissional ou como empresário.

> *Insights: Vem do inglês. Iluminação, estalo, luz. Pode ser considerada a compreensão ou solução de um problema através de uma ideia que aparece subitamente no cerebelo.*

6.1 – Seja a cobaia.

Acredito que essa atividade seja o mais eficiente para entender e atender todos os conceitos que foi descrito durante esse livro. É a melhor forma de saber o quanto e onde a empresa precisar ser melhorada.

Ao passar a ser uma cobaia, o profissional ou o empresário passa por todas as mesmas dores e problemas que um cliente comum teria ao comprar da empresa.

Não existe segredo fantástico em como fazer isso. Simplesmente faça uma compra na empresa e observe o andar dessa compra e como ela funciona. A única regra, nessa atividade é não usar nenhum meio adicional para solver o problema. Logo, sem usar os conhecidos, amigos, subordinados e os demais da equipe para passar pela jornada do consumidor.

Fazer o mesmo processo padrão que qualquer cliente iria usar para conseguir comprar. Fazer de modo espontâneo, sem agendar horário, sem avisar a equipe que será feita essa atividade. Ser discreto ao fazer o processo de compra. Caminhar pela jornada do cliente como qualquer consumidor.

Ao fazer isso, irá observar o quanto a empresa precisa melhorar. Garanto, sempre existirá espaço para melhorar. *Amazon, Facebook, Google,* Tesla e etc. estão sempre nos surpreendendo porque justamente estão focadas em melhorar essa experiência.

Ao fazer esse processo e aguardar o destrinchar dessa novela mexicana é possível observar inúmeros erros que poderiam ser mitigados. Alguns processos e atividades que poderiam ser resumidas. Muitas vezes em até um clique.

Geralmente causa uma surpresa também, que muitas pessoas internas da empresa estão fazendo mundos e fundos para solver a dificuldade do cliente. Mesmo que a própria empresa crie mais procedimentos travados, mais dificuldades, mais complexidades. Essas pessoas estão ali, firmes, em tentar solver o problema do cliente.

Essa atividade mostrará o joio e o trigo. Irá perceber os processos que realmente gera valor ao cliente e os processos que apenas necessitam estar ali, mas deveriam ser podados para se tornarem menos complexos.

Vai mostrar também os profissionais que realmente querem resolver os problemas, que estão com toda a energia, com entusiasmo acima da média, preocupados com a empresa e com o cliente.

E vai mostrar as pessoas que estão ali, apenas seguindo os procedimentos da empresa. Ou apenas "cumprindo tabela" (horário).

Tenha certeza, isso vale mais que qualquer MBA em Harvard ou Oxford.

Essa atividade traz um excelente panorama de onde a empresa está nesse momento e trará informações palpáveis para as tomadas de decisões para consertar o que está de errado.

6.2 – Canvas.

Agora se procura montar o primeiro negócio ou se quer avaliar como estão os principais alicerces da empresa, o Canvas pode ajudar.

Já vi algumas pessoas usarem essa ferramenta até mesmo para conquistar um capital de investimento.

Como funciona? Veja o quadro a seguir.

Essa é uma imagem interessante que exemplifica muito bem como se deve preencher o Canvas.

No quadrante verde entra o perfil do cliente, o modelo operacional de distribuição e entrega. E como pode ser feito o relacionamento com o cliente.

No último quadrante são as considerações de valores, sobre qual será o valor da estrutura de custos e quanto ela refletirá nas receitas dessa nova companhia.

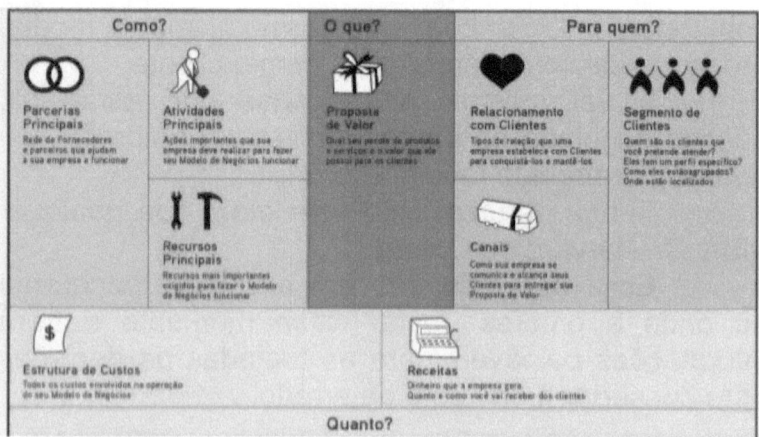

Fonte: *computerworld.com.br*.
Matéria: Como criar um *Canvas*. 2016.

Como em todos os campos desse livro, vamos usar como um exemplo, a criação de um *Canvas*, para uma micro cervejaria, passando por todas as etapas de preenchimento, para que seja possível pegar o conceito de cada quadrante.

Sempre comece da direita para esquerda, se torna mais fácil e esclarecedor preencher dessa maneira.

A coluna "Segmento de Clientes" é uma das mais importantes. O empreendedor que quer atender todo mundo acaba sem atender ninguém, isso é certo. Então segmentar o cliente e entender realmente o público e criar um perfil especifico para ele.

Para o caso da cerveja, certamente um dos públicos serão os bares e restaurantes que vendem esse tipo de cerveja. É possível ir mais além, a idade, o gênero, a classe social financeira, a localização, entre outros. Quanto mais segmentar, melhor será a qualidade dos clientes e menos dinheiro será despendido para fazer *marketing* do negócio.

Na coluna "Relacionamento com Clientes", é como a empresa irá se comunicar com ele. Como o cliente poderá entrar em contato e como a companhia irá criar relacionamento, ou criará a fidelização do consumidor ao produto. Podem ser as mídias digitais, podem ser *sites*, ou eventos cervejeiros como é o caso de micro cervejaria.

A coluna "Canais" é como a cerveja chegará até o consumidor final. Será por bares especializados? Sim, é uma alternativa. Ou por eventos locais cervejeiros. Ou até mesmo por um clube mensal, onde o cliente paga uma mensalidade para receber uma ou duas cervejas com a história de fabricação e como deve degustá-la. Também pode ser um canal *YouTube*.

Veja, aqui não se trata de logística.

Na coluna "Proposta de Valor" entra o sentimento, o que realmente se quer propagar de valor ao consumidor. Vender a experiência de apreciar uma cerveja fantástica e de alta qualidade.

Ou poderia ser a entrega semanal de cervejas artesanais na casa do consumidor, em conjunto com a receita de um prato saboroso para combinar com a cerveja da semana.

Aqui é a parte mais complexa e romântica do negócio, nem sempre é fácil localizar uma proposta de valor que define todo o sentimento que o empreendedor está colocando no projeto. É difícil expressar em poucas palavras a proposta de valor de uma empresa.

Na coluna "Atividades Principais" estão as atividades para que a empresa possa gerar receita. Seja objetivo. O papel da logística não precisa ser descrito detalhadamente.

É para se ter uma visão macro. Então, por exemplo, é necessário inserir a palavra "distribuição" para que a cerveja chegue aos locais de consumo. Isso é uma atividade-chave.

Como também a compra das materiais primas e de insumos de qualidade. E obviamente a produção da cerveja. Esses três pontos já resumem as atividades-chave necessárias para a empresa operar.

Agora os "Recursos Principais" são os essenciais para que saia literalmente a cerveja.

Poderiam ser citados: matéria-prima, as receitas e o equipamento cervejeiro. Sem isto é impossível fabricar sequer um litro de cerveja.

Na coluna de "Parcerias Principais" estão os fornecedores tanto de produtos, serviços ou informações, que participam da atividade para que a cerveja seja destinada a todos os consumidores.

Poderíamos citar aqui fornecedores de matéria-prima, fornecedores de insumos para a fabricação, blogueiros ou *digital influencers*, as próprias associações cervejeiras locais. Todos são parceiros necessários para que consiga fazer a cerveja.

Depois que criar a proposta de valor, veja que as atividades principais, os recursos principais necessários e, por último, os parceiros principais, será mais fácil o preenchimento e também trará novas ideias.

Ao final temos a coluna de "Estrutura de Custos". Aqui, quando for possível, inserir um valor fixo. Por exemplo, informe em valores o custo para fazer a operação começar a caminhar.
Sem necessidade de ir aos mínimos detalhes.
Exemplo, a cozinha cervejeira, dependendo do tamanho deve custar próximo de 200 mil reais. Ou os custos fixos como energia, água, funcionários, custará mais 100 mil reais mensais.
Também podem ser inseridas informações sem os valores, como propaganda, *marketing* em mídias sociais, custos para distribuição, custos para compra de matéria prima, custos para manutenção dos equipamentos, custos de produção e etc.
E, no final, informar que o investimento inicial será de 300mil reais e mais 200 mil de capital de giro, por exemplo. Totalizando 500 mil reais.
Isso é um infográfico. E ao final, o mais importante. Fontes de renda (coluna "Receitas").
Numa empresa como essa, a maior fonte será a venda de cerveja, mas também poderia ser a venda de *souvenirs*, camisas, copos e pode citar outras opções.
Ao inserir valores vai dar uma sensação de mais profissionalismo. Toda essa informação seria interessante colocar em uma única folha A0. Ou num quadro de vidro. Vai dar um horizonte de que caminho seguir e também quais e onde os recursos devem ser aplicados.
Poderão ser e devem ser alterados conforme a ideia vai tomando mais corpo. Use um quadro de vidro e cole as informações usando *post it*, vai ajudar a deslocar as informações quando necessário.

6.3 – Funil de vendas.

Essa é uma ferramenta importante, para o empresariado e até mesmo para um profissional na área de vendas. Para entender quais clientes precisam de mais atenção, aqueles que saem da área de prospecção para se tornar um negócio.

Essa ferramenta pode ter vários estágios, logo, funil pode mudar de tamanho e de etapas dependendo do negócio ou do profissional que queira ampliar as camadas dessa atividade.

Eu gosto desse funil de vendas, que é relativamente de fácil compreensão. Vamos definir cada uma das etapas, para que fique fácil de aplicação na empresa ou na vida do profissional.

Fonte: FreshMedia

Literalmente, a visão dessa ferramenta é um funil, onde vai se afunilando até ter um cliente em concreto. Nesse funil existem os visitantes, os leads, as oportunidades e os clientes.

Visitantes, são as pessoas que descobriram a empresa, tomaram conhecimento que a empresa existe, mas muitas vezes nem imaginam ou têm interesse nos produtos e soluções dessa empresa.

Imagine que a empresa está na *internet*, com um *site* maravilhoso, a equipe de *marketing* faz uma publicação em massa e muitas pessoas estão vendo as publicações.

Isso gera visitantes. Em alguns outros tipos de funil isso pode ser chamado de um "prospect", ou na tradução brasiliana, prospecção dos clientes.

O segundo estágio é *Leads*. Essas são as pessoas que reconhecem a empresa e os produtos/serviços como uma possível solução para as dores do consumidor. Essas serão as pessoas para quem mandará um *e-mail*, chamará no *WhatsApp* da companhia.

Em alguns outros materiais sobre funil de vendas, pode ser titulado como "lead qualificado". São pessoas que reconhecem que têm um problema nas empresas ou na vida do consumidor e estão procurando ajuda, mas não sabem se realmente essa companhia pode ajudar.

Oportunidades, aqui entra o casamento entre a dor e a solução. Imagine a seguinte situação. Uma empresa tem um maravilhoso tratamento para uma dor crônica dos pacientes. Esse tratamento leva três meses.

E do outro lado tem o consumidor, vulgo paciente nesse caso, morrendo de dor. Que está disposto a pagar para resolver o problema dele imediatamente.

Nesse caso a empresa não tem a oportunidade certa, o cliente quer a solução agora, e não para daqui a três meses. Logo, esse cliente é um *lead* apenas, e não uma oportunidade.

Ele precisa resolver essa dor crônica que aparece de vez em quando, mas quando aparece ele quer resolver agora, naquele momento. O produto dessa outra empresa pode ser definitivamente bom, mas só resolve com prazo de três meses.

Por outro lado, se outra empresa tem a pílula que irá resolver a dor imediatamente a dor do cliente, essa é uma oportunidade real. O cliente tem a dor e a empresa tem a cura, rápida e objetiva.

Muitos, mas muitos clientes estão na busca de uma cura e não do tratamento. Tratamento virá numa próxima oportunidade. Agora se atrele à cura.

Podemos até fazer aqui a analogia do filme Matrix, onde *Keanu Reeves*, que interpreta Neo, se encontra com *Laurence Fishburne*, que interpreta Morfeu. Neo entra numa sala e Morfeu mostra duas pílulas, uma azul e a outra vermelha. Nessa analogia, a azul é o tratamento e a vermelha é a cura imediata.

Qual tomaria?

É apenas uma relação para entender se o cliente é um *lead* ou uma oportunidade. Isso tem de ficar claro na mente das pessoas que querem aprender ou trabalhar usando o funil de vendas. Quando se entende esse conceito se gasta muito menos energia e recursos para fechar negócios.

Por fim temos Clientes. Esses são as pessoas que reconhecem o problema, reconhecem a solução e fecham negócio. Em alguns planos de funil de vendas, pode entrar a etapa de negociação ou conversão entre oportunidade e o cliente. Nesse que foi demonstrado, unifica essa informação de uma forma mais simples.

Seguindo esse funil, conseguirá definir uma escala da quantidade de clientes que precisam entrar no topo do funil para fechar um volume considerável de negócios para fazer lucro à empresa e pagar toda essa estrutura.

Alguns estudos denominam que entre 100 pessoas que entram no funil de vendas, a média é de que duas pessoas se tornam clientes.

Então, se a empresa precisa fechar 50 vendas por mês, será preciso pelo menos 2500 pessoas terem conhecimento sobre o produto ou solução.

Obviamente que esse índice pode ser diferente para cada tipo de negócio. A recomendação é sempre fazer testes, é a melhor maneira de identificar a quantidade certa para cada negócio.

Contatar 100 clientes e ver quantos deles saíram de meros visitantes para se tornarem *leads*. E depois de quantos *leads* se transformaram em oportunidades. E quantos desses fizeram negócio com a empresa. Assim terá um índice verdadeiro sobre o negócio ou atividade.

6.4 – CRM.

Essa ferramenta se chama "Costumer Relationship Management",

CRM: na tradução livre seria Gerenciador de Relacionamento com o Cliente.

É certo que alguns leitores irão conhecer essa ferramenta. E teremos as pessoas que são fãs e as pessoas que não suportam.

Já garanto, as pessoas que não são fãs em geral são pessoas com mais idade, desculpa a sinceridade. Mas as gerações anteriores detestam essa ferramenta. Aquele tipo de vendedor que gosta de anotar tudo num papel, numa agenda para depois ir consultando.

Errado, não está. Mas é muito mais moroso.

Agora existe essa ferramenta que mantém toda a informação *online*. E para fazer a gestão de clientes, gestão de equipe de vendas e gestão das oportunidades. É uma excelente ferramenta. Sem dizer, imprescindível.

Existem vários modelos no mercado, a maioria deles são pagos, é certo que o leitor já aprendeu na vida que não existe almoço grátis. Até mesmo o *Instagram* que todos nós usamos, diariamente pagamos por isso.

Claro, que de uma forma muito mais valiosa que qualquer dinheiro do mundo, pagamos com nossos dados, que são vendidos para inúmeras empresas nos encherem de propaganda.

Então, deixe de lado, essa cultura de procurar muitas vezes uma versão gratuita, procure a versão que se encaixe no orçamento e instale na empresa.

Em resumo, o CRM é um *software* que vai reunir todas as informações atreladas ao cliente. Aquele *e-mail* que a central de vendas mandou para o cliente se apresentando. Aquela visita que o vendedor foi ao cliente e anotou no sistema os detalhes da conversa. Os processos de vendas, o funil de vendas, os índices de *performance*, a estratégia. Tudo pode estará nessa mesma ferramenta.

Se parar e observar, é praticamente um departamento dentro da empresa fazendo o gerenciamento de todas as etapas de negociação do cliente.

Para implantá-lo é como fazer uma mudança organizacional. É preciso que o proprietário compre a ideia e dissemine para os gestores e depois os gestores implantem essa nova metodologia de trabalho aos colaboradores. Só assim dará certo.

Isso se aplica para qualquer ferramenta ou a estratégia feita nas empresas, sempre deverá vir de cima da pirâmide. O próprio dono tem de comprar essa mudança, depois o gerente, depois supervisores e funcionários.

Se algum elo dessa corrente romper, certamente não será implantado ou terá grande dificuldade de consolidar essa ferramenta. Se prepare, muitas pessoas se sentem desconfortáveis com a mudança. E demiti-las por isso, simplesmente, é um caminho errado. Pois pode perder muitas pessoas chave para o negócio.

Então implantar a cultura de uma CRM é extremamente difícil, principalmente em empresas físicas. Em *startups* e empresas de tecnologia é muito comum o uso da ferramenta. Então já se tornou como ensinar as pessoas a usar um Excel.

De uma forma mais gráfica possível, o CRM é a unificação de toda a informação que é trocada com o cliente dentro de uma empresa. Muitas das atividades que antes necessitavam de um analista ou um especialista para verificar e canalizar as informações graficamente, o sistema CRM executa *online*.

É uma quebra de paradigma, as pessoas que estavam nos departamentos de venda, por exemplo, além de estarem vendendo, tinham a responsabilidade de fazer relatórios para demonstrar como estava na área de vendas, nas prospecções, nos resultados.

Isso era uma atividade adicional, que não gera valor ao cliente, era apenas uma atividade interna necessária para avaliação das atividades e validação de dados para tomada de decisão. O CRM traz isso "mastigado".

Algumas pessoas têm receio dessa mudança, chegam a pensar que podem perder os empregos. É nessa hora que um bom gestor tem de demonstrar que a ferramenta irá ajudar a serem mais produtivos. E a parte chata de relatório deixará de existir. Será automatizada.

Existe uma integração do cliente em várias pontas da empresa. O *marketing,* por exemplo, pode trazer "visitantes", pessoas interessadas na empresa, através das mídias sociais. Ou pode ser feito um *e-mail* automático para essa rede de clientes. E tudo ficará na mesma base.

Toda e qualquer interação com o cliente ficará numa mesma base de dados. Para as empresas saberem o rumo que o departamento de vendas está tomando, fica muito mais simples e objetivo e para criar as estratégias de vendas, fica mais fácil, com a quantidade de dados coletadas dos clientes.

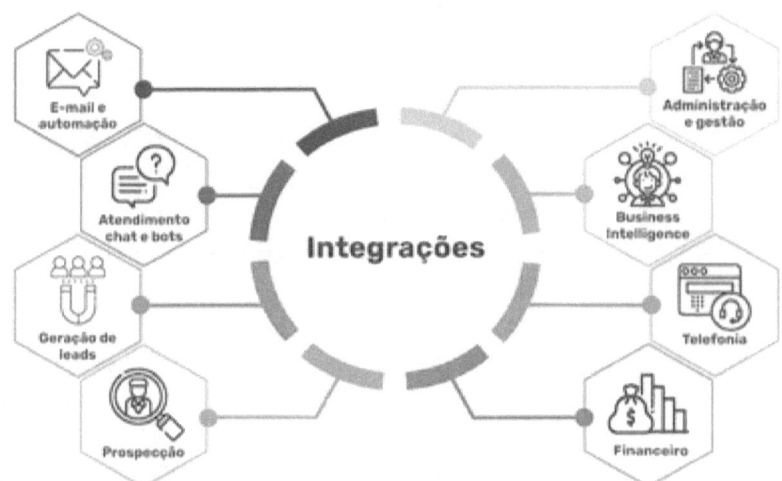

Fonte: *Salesforce*

Os benefícios no uso desse *software* são imensos. Uma delas já bem embasada aqui é automatizar alguns processos morosos e sem valor agregado ao cliente. Aqueles processos que necessitava de horas para criar um relatório, será automatizado e visualizado em gráficos *online*.

Além disso, gera uma integração adicional entre os departamentos. As pessoas começarão a ver os gráficos desses relatórios, que a empresa pode até plotar numa tela e entender em que parte das atividades as pessoas podem interagir literalmente a meta de vendas de todos.

Por exemplo, em alguns CRMs pode ter um gráfico que avalia o tempo de preparo do pedido internamente. Quando a requisição de compra entra e até a emissão de nota fiscal. E assim medir.

É um item que atinge diretamente o cliente, quanto mais tempo demorar a vender, menor será a satisfação do consumidor. Menor a chance de vender novamente.

O departamento de produção, de logística interna, tem de saber como está e como podem melhorar esse índice, para melhorar o próprio nível de eficiência e como consequência também aumentar as chances de venda.

O CRM pode fazer inúmeras integrações com diversos departamentos. Por isso que acredito ser mais que uma ferramenta e sim uma cultura organizacional da empresa.

Observe que existe uma complexidade e também um grande benefício que esse sistema pode trazer à empresa e principalmente ao cliente.

Imagine que seja necessário trocar um vendedor ou ele simplesmente saiu da empresa. A informação de todo o relacionamento com o cliente estará ali, nessa base de dados, o quão confiante a equipe estará para dar continuidade nos atendimentos. O quão confiante o cliente estará com a organização quanto a empresa é com ele.

Vai além de um simples sistema armazenando dados e geração de relatórios. É uma nova maneira de gestão do time de vendas e gestão do cliente.

Ao instaurar o CRM, o funil de vendas falado anteriormente está dentro dele, de forma gráfica e de fácil entendimento.

Assim como algumas empresas vendem o sistema ERP, que possuem integração com a ferramenta de CRM. Vale lembrar que ERP e CRM são diferentes.

> ERP: Vem do inglês Entrerprise Resources Planning, que na tradução é o Planejamento dos Recursos Empresariais.

É um sistema muito mais robusto para atender todos os departamentos das empresas, desde o recebimento a expedição de produtos. Todos os departamentos e processos interligados num único sistema. Alguns ERPs possuem o módulo de CRM.

O módulo CRM é integração de todo o relacionamento do cliente em um único local. Imaginem o cliente ligando ao departamento do SAC.

Essa ligação e a tratativa ficarão armazenadas dentro da base de dados desse cliente.

Essa mesma informação pode ser usada para o departamento de *marketing* enviar uma mensagem agradável sobre o ocorrido no SAC, com um bônus, um brinde para amenizar a situação desconfortável com o cliente.

É canalizar todas as forças e estratégias para criar um relacionamento mais próximo ao consumidor, mais humano, mais personalizado.

6.5 – Pareto.

Uma ferramenta muito antiga e muito eficiente. Por muitas vezes já vi empresas tentarem resolver todos os problemas ao mesmo tempo.

E, literalmente, levará mais tempo para resolver os problemas realmente importantes e os problemas nem tão importantes. Imagine que os problemas atrelados ao negócio estejam demonstrados no gráfico abaixo.

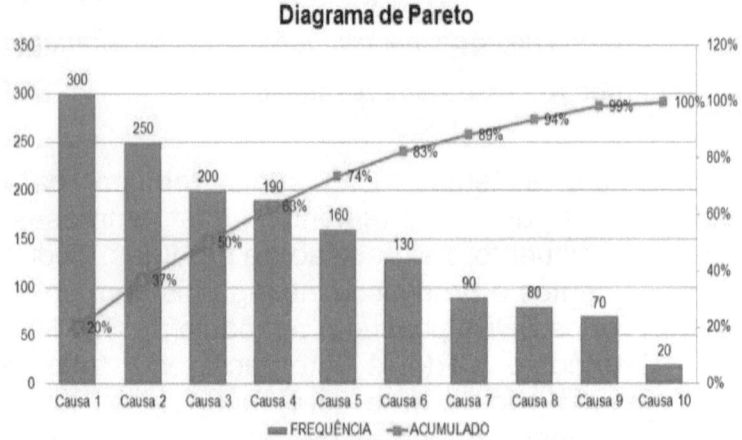

Fonte: Arquivo pessoal.

Observe que existem 10 causas, ou seja, 10 problemas que travam o processo de venda, por exemplo. De um lado, temos a frequência que o problema ocorre, nas barras em azul. E do outro, tem a linha do valor acumulado em percentuais, dos valores de cada uma das causas.

O princípio de Diagrama de Pareto vem do economista italiano Vilfredo Pareto, onde descreve que 80% dos efeitos são oriundos de 20% das causas.

Avaliando o gráfico anterior fica evidente que a causa 1 é responsável por 20% de toda a cadeia de acontecimentos.

Logo, solver a causa 1 é mais importante e financeiramente com maior valor agregado a ser solvido.

Então, após fazer o exercício de ser a cobaia nos processos da empresa, poderá usar o diagrama de Pareto para observar quais das causas devem ser resolvidas imediatamente, para refletir o melhor resultado para a companhia, como também ao cliente.

No próximo gráfico, de certa forma mais macro, fica evidente que a fabricação e matéria-prima são as principais causas a serem resolvidas para atingir o melhor resultado no mais breve espaço de tempo.

O que é visto nas empresas é tentar solver tudo ao mesmo tempo. Muitas vezes com cada departamento resolvendo o próprio problema, criando mais processos que vão de desencontro com outro departamento, gerando mais retrabalho e mais travamento.

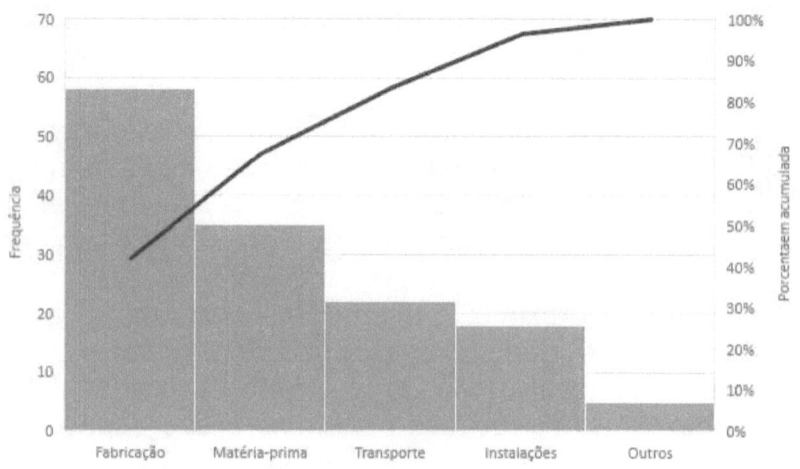

Fonte: Arquivo pessoal.

O princípio sempre deve ser o mesmo. Partir sempre da necessidade do consumidor e depois ir solvendo os problemas que mais agregam valor ao cliente e também financeiramente a empresa.

Siga sempre esse conceito.

O conceito de Pareto pode ser usado para inúmeros processos.

Por exemplo, nas vendas. Certamente terão alguns produtos que representam o faturamento de 80% da empresa. São nesses produtos que a empresa deve focar para melhorar agora.

Outro exemplo, é que as empresas possuem uma quantidade de clientes que representa 20%, e essa percentual representa 80% do faturamento de vendas.

Faça esse exercício e verificará quais os produtos e clientes que devem ter a devida atenção e cuidado.

Certamente esse diagrama também evidenciará alguns produtos que estão fora desse *range*, são os produtos menos importantes que geram pequenas quantias para a companhia. E talvez poderão até ser eliminados da linha de produção.

Isso reduzirá as despesas de fabricação e ainda sobrará espaço físico, recursos financeiros e pessoas para investir no que realmente gera valor para a companhia.

Em conclusão, gerar valor para o consumidor final.

O uso dessa ferramenta, muito simples de aplicar, poderá gerar ideias na concepção de novos produtos e/ou serviços como também pode abrir os olhos para eliminar custos desnecessários ou muito caros, que geram mais despesas do que receitas à companhia.

6.6 – Técnica SMART.

Tenho aprendido ao longo da vida que quando estamos atolados, em vários problemas e tentamos resolver todos ao mesmo tempo. Essa proeza nunca acaba bem. Ou será mal feito ou será feito pela metade. É uma realidade.

É assim nas empresas também, quando existem milhares de problemas a serem resolvidos, por mais que tenha recursos humanos e financeiros para fazer todas essas coisas ao mesmo tempo, certamente alguma coisa poderá dar errado.

Porque muitas vezes focamos num problema macro. E deixamos de usar uma estratégia simples e muito eficaz, conhecida como SMART. É um acrônimo oriundo da língua inglesa. E, por coincidência, a palavra SMART significa inteligente ou esperto, na tradução livre do inglês.

S - Specific

M - Measurable

A - Attainable

R - Relevant

T – Time bound

SMART – S = Specific = Específico

A primeira letra é realmente muito importantíssima. Imagine o proprietário de uma empresa colocando em reunião a seguinte informação:

"É preciso elevar as vendas para conseguirmos atingir as metas do ano. E melhorar o nível de satisfação dos clientes".

Legal.
Bonito.
Mas não diz nada.
Essa é a beleza dessa ferramenta. Muitas vezes até os grandes gerentes são prolixos. Acabam

falando, sem perceber que estão divagando sem dar uma direção correta, um norte para a equipe e/ou para o departamento.

A ideia dessa ferramenta é justamente ir direto ao ponto. Nesse caso o profissional tem de ser "especifico", qual o valor que deseja atingir.

Será de 10%, 20% ou 30% de crescimento nas vendas?

E o nível de satisfação dos clientes, deve sair de quanto até quanto?

Esse tópico é justamente ser preciso. Colocar uma meta clara todos possam entender. Se o problema é macro, gigante quebre-o em várias partes bem especificas, para que cada passo seja conquistado corretamente até a meta macro.

SMART – M = Measurable = Mensurável

Depois de conseguir definir o objetivo especifico, o mesmo precisa ser mensurável. Tem de ser mensurável. Tem de haver uma maneira de ser medido.

Se existe como objetivo crescer um percentual em vendas ou aumentar o nível de satisfação dos consumidores é necessário ter ferramentas que possam assegurar a medição desse objetivo.

Deve-se procurar alternativas de medir. Ferramentas que possam trazer a informação se o objetivo está trilhando o caminho certo. Deve ser medido regularmente, porque depois de finalizar o prazo, de nada adianta medir.

SMART – A = Attainable = Atingível

Outra relação que o objetivo precisa ter é a tangibilidade. Se o objetivo é muito grande, muito complexo, divida em pequenos objetivos até que seja possível de atingir. Caso contrário volte para analisar o objetivo especifico definido.
Jamais crie objetivos utópicos. Criar uma meta impossível de ser alcançada só irá deixar as pessoas confusas e desmotivadas. Algumas empresas colocam metas grandes para quase que simplesmente evitar pagar os bônus aos vendedores.
Nesse caso é preferível que sejam diminuídos os bônus para evitar essa desmotivação e se tornar algo palpável a todos participantes.

SMART – R = Relevant = Relevância

A relevância desse objetivo tem de ser considerável. Despender horas, recursos e pessoas para algo pequeno e com pouca relevância vai tirar o foco dessa ferramenta e cairá por desuso.
Leve a sério e selecione um objetivo que tenha relevância.
Assim como um objetivo utópico é difícil de concluir e desmotiva as pessoas, o fator de relevância também é importante, porque ao conquistar um objetivo relevante demonstra que algo foi feito para conquistar um objetivo importante, que faz a diferença na vida da pessoa ou da companhia.

SMART – T = Time Bound = Temporal.

O tempo é primordial para que as coisas aconteçam na velocidade que é preciso. Sempre insira uma data em cada objetivo, para que seja pontuado o tempo médio de realização.

Como também exercer certa pressão para todos fiquem alertas, fique inquietante nas mentes dos envolvidos. Sem prazo, sem objetivo cumprido. Essa é a regra. Ao deixar de definir um prazo a atividade cai por terra.

Sempre coloque um prazo que seja plausível de concretizar a atividade. Isso faz com que as pessoas envolvidas se organizem para atingir essa meta até mesmo antes do prazo vencer

Agora que já temos o conceito, é possível criar uma meta SMART para cada objetivo.

Para colocar as pessoas na mesma página, coloque no papel, na parede da sala de reunião, num quadro, numa televisão para todos os envolvidos verem o que é preciso fazer. Como estão nesse exato momento, se é possível atingir, se tem relevância e tem um prazo para ser comprimido.

Por exemplo, usando a mesma visão inicial desse tópico, o gestor poderia fazer para a equipe algo assim.

"É preciso elevar o faturamento até dia 31 agosto de 2020 em 12%, para que consigamos manter o fator de crescimento de 20% do ano de 2020".

É específico, certamente é possível de mensurar. Vamos supor nesse exemplo que seja uma meta atingível, tem alta relevância, afinal é para entregar o resultado do ano. E é temporal, possui prazo para finalizar.

Essa técnica pode ser usada para qualquer objetivo, pode ser de cunho pessoal ou profissional.

Uma pessoa pode colocar como meta aprender uma nova língua estrangeira para ter oportunidade de receber uma promoção na empresa. Determinar que fará isso em 18 meses com aulas semanais com professores particulares e exercícios diários de fixação.

S – Aprender Inglês em 18 meses.

M – Aula: 1 vez por semana com professor e 1 exercício diário de 30 minutos na plataforma de ensino.

A – Sim. É possível

R – Sim. Tem relevância no âmbito profissional, poderá ganhar uma promoção.

T – Sim. Tem um prazo de 18 meses para ser cumprida.

Essa pessoa tem um objetivo específico de ficar fluente em 18 meses. Tem possibilidade de monitorar o avanço de cumprir as aulas particulares e os exercícios diários. É um objetivo tangível: se bem aplicado uma pessoa pode aprender em 18 meses.

Tem relevância ao profissional, foi definido que esse objetivo pode levá-lo a uma promoção. E é temporal, tem prazo de validade.

Veja que a ferramenta pode ser aplicada a qualquer objetivo. O principal fator que pode ser considero dessa ferramenta, que além de fazer com que as pessoas tenham uma direção, é a objetividade, clareza e fator temporal.

Se bem executado, faz qualquer pessoa sair da zona de conforto. E literalmente tirar a bunda da cadeira e fazer as coisas acontecerem. Recomendo fortemente ter essa aptidão, TBC.

6.7 – Validação.

Essa atividade pode mostrar algo fabuloso, que nem toda tecnologia é bem-vinda, sem conhecer o cliente. Como pode saber se a tecnologia é boa para o negócio ou não? A principal lição é o mantra:

Produto certo.

Na quantidade certa.

Num preço que o cliente está disposto a pagar

E na hora certa.

E o segundo ponto primordial desse livro é: conheça o consumidor. Ao conhecê-lo, saberá atingir realmente a necessidade que ele precisa. E despenderá menos recursos financeiros da empresa para atendê-lo. Como também atenderá com uma maior personalização possível.

Validação nada mais é que realmente validar a ideia com o mercado antes mesmo de implantá-la, em vez de ser aquele cara desapegado que adere a toda e qualquer tecnologia. Se deve estudar se o mercado realmente quer isso, antes mesmo de lançar.

Veja o exemplo da ferramenta de *chatbox* ou a de atendimento por comando de tecla. Quantas vezes já passaram por isso, de um *chatbox* ou comando por tecla não atender as expectativas?

Na terceira pergunta o cliente já está fulo da vida e esperando toda a mensagem para teclar 9 para falar com um atendente. Ou fica teclando, qualquer coisa para o *chatbox* entender que tem de enviar a mensagem para um atendente.

Ainda há empresas, que certamente o leitor conhece que, quando ligamos para essa central de comando, por tecla ou por *chatbox*, eles derrubam o cliente por não ter digitado a tecla ou palavra correta. Sim acredite, isso acontece com algumas empresas.

Compreende o absurdo?

O cliente quer resolver a dor dele. Mas por inserir a palavra incorreta ou por ter teclado os números incorretos, a empresa interrompe o chamado ou pede para iniciar o processo de novo. É lógico que esse tipo de atendimento cairá por terra.

Parece piada, mas é verdade. Imagina o gestor dessa empresa que deve achar o máximo fazer isso, pois ele conseguirá mascarar o resultado. Informam que com essa nova tecnologia de *chatbox* ou comando por tecla o OKR de atendimentos saiu de 78% para 96%.

OKR: Objetive Key Results. Na tradução livre Objetivo de resultado-chave. É um indicador chave de um resultado especifico a ser medido.

Claro que isso vai acontecer a empresa só deixa passar os casos que ela quer atender. Óbvio que esse índice irá melhorar. Mas e as pessoas que desistem? Que param de comprar dessa empresa por esse atendimento?
E tem gestor com essa atitude, querendo entender porque as vendas vêm caindo.
Por que será?
O gestor batendo recorde no OKR e a área de vendas sofrendo para vender. Porque o cliente prefere ir para a concorrência do que esperar no telefone ou na tecla para solver o problema. Essas empresas só estão transferindo o problema. Muitas vezes, ao transferir o problema, está transferindo o cliente para a concorrência.
Então, nem toda tecnologia é benéfica, vai depender tipo de negócio. Na verdade, a tecnologia pode ser benéfica, mas é preciso ser configurada para atender o cliente e não apenas o departamento.
Volto a descrever, depois de conhecer o cliente, deve ser feito a regra ouro desse livro, seja a cobaia. Passar por todo o processo de compra que o consumidor passaria. Sem meandros, passar exatamente os mesmos processos. Certamente serão identificados inúmeros problemas.
Vamos ao mundo real, esquecer um pouco a tecnologia digital. E apenas focar numa tecnologia

que revolucionou o mercado de alimentos. A possibilidade de congelar os alimentos.

Os alimentos congelados fazem parte de nossas vidas. Sempre haverá em casa alguma coisa congelada para matar a fome rapidamente.

> *Mas o cliente deixou de ir naquele restaurante ou boteco que adora?*
>
> *De pedir comida em casa através de delivery?*

Não.

Permanece comprando uma parcela de cada um dos estabelecimentos, um pouco mais de um, um pouco menos de outro. Mas extinguir de vez, jamais. Então tem de ficar claro que a tecnologia é um meio e não o final.

É preciso usar a tecnologia a favor do cliente, para eliminar ou agilizar a parte operacional da empresa e ter mais tempo para a estratégia, mais tempo para criar um relacionamento duradouro com o cliente.

Criar uma jornada do consumidor prazerosa e vender a experiência de compra de forma surpreendente.

Quer um exemplo?

A Gillete observou que muitos homens precisavam ser barbeados por outra pessoa. Ela aperfeiçoou o equipamento, mudou a direção da cabeça do barbeador, criou um modelo chamado TREO. E pronto, atendeu a real necessidade de um grupo de milhões de pessoas.

É essa a preocupação que as empresas devem estar procurando.

O que posso resolver de problemas, de dores dos clientes, nesse exato momento?

Como posso surpreendê-los?

Quanto custou essa tecnologia para a Gillete? Ridículo de barato, perto dos milhões de vendas. E o que ela fez de tecnologia? Absolutamente nada.

Ela apenas percebeu que o cliente tinha um problema, as pessoas com necessidades especiais ou idosas, precisavam de algo novo que atendesse à específica atividade de barbear.

Aposto que essas pessoas já estavam até acostumadas que o mundo real, não iria mudar por causa delas. Essa empresa maravilhosa fez um belo *slogan,*

"Eu me preocupo com você e enxergo você".

Tem dúvidas que o cliente da Gillete TREO, vai ser um cliente fiel?

Certamente que sim. Até alguém surpreendê-lo de volta. É um ciclo, de estar sempre surpreendendo o cliente.

É como um casamento. Se não surpreender, alguém pode surpreender.

Brincadeiras à parte..., mas a analogia faz sentido... se a empresa tratar o cliente como mais um número, mais uma venda qualquer, pode estar abrindo portas para a concorrência prestar algo a mais, algo surpreendente.

Depois de trocar de fornecedor, dificilmente irá reconquistar de volta. E se for possível reconquistar, vai levar muito tempo e dinheiro da empresa.

Se colocar na balança manter um cliente ativo é muito mais barato do que conquistar um novo. E infinitamente mais barato que reconquistar um cliente. Ao manter esse cliente ativo e o surpreendendo a cada compra, ainda mais esse cliente propaga a marca.

Quantas marcas foram citadas aqui nesse livro, que surpreendem o cliente e eu não foi ganho nem um real para essa publicidade.

A validação é extremamente importante. E deve ser feita para entender a dor do cliente para depois buscar qual é o melhor remédio. É recomendado que seja feito pessoalmente, pegar o problema que quer ser resolvido e estudar que mercado estaria disposto a resolver essa dor.

Exemplo.

Imagine uma ideia de resolver o problema de desgaste de pneu nas transportadoras. Uma maneira de identificar porque um caminhão gasta mais dinheiro que outro em manutenção. É uma hipótese.

Pode fazer uma validação com os familiares, amigos, ou qualquer pessoa que passa na rua? Obviamente que não. É preciso fazer a validação com pessoas que são ligadas a essa atividade, a esse tipo de negócio.

Em teoria, o tamanho da amostra depende do mercado que se quer atingir.

Se quiser atingir a demanda de uma cidade e essa cidade possui 12 empresas especializadas em transporte e conseguir falar com as 12, terá uma população de amostra sensacional. E saber se isso valerá a pena ou não.

Caso essa população a ser atingida seja muito grande, use a técnica SMART, para filtrar o cliente específico a ser atendido e saia fazendo a validação. Ou pelo menos entreviste 10 pessoas especificamente que sentem essa dor.

E sempre, sempre evite os 3 Fs.

> *Family, friends and fools: Família, amigos e tolos.*

6.8 – MVP.

E por último citar essa técnica bem interessante chamada, *Minimum Viable Product*.

> *Minimum Viable Product: Na tradução livre, é o produto mínimo viável.*

Um resumo básico de MVP é a criação de um produto mínimo que o cliente está disposto a pagar. Pois nem sempre poderá ser com uso de tecnologia para solver um problema do cliente.

Por exemplo, vamos pegar um problema comum nos dias de hoje. As pessoas precisam se locomover diariamente, seja para trabalho ou para lazer. Essa é a dor do cliente, se locomover rapidamente.

O mínimo produto viável, nada mais é, qual seria o menor custo possível, para criar algo que atenda a dor do cliente e que atenda a função primordial daquela dor. Que é se locomover.

Podemos fazer a analogia com o *Skate,* é um produto que atende a dor do cliente que é se locomover. E poderá atingir uma demanda específica de clientes que têm equilíbrio para andar de *Skate*.

Então essa empresa atendeu, por mais que seja uma demanda de clientes dedicados, mas que estão dispostos a se locomover de forma rápida e objetiva. Nesse caso a empresa já começou a capitalizar e vender uma solução, por mais que seja parcial.

Depois essa empresa poderia passar para um patinete, que atenderia uma nova gama de clientes que não possuem dificuldades de andar de *Skate*, começando a entrar numa nova fatia de mercado. Mais capital para a companhia. Depois pode migrar para moto, carro e etc.

Esse é o conceito de MPV, é gerar alguma receita à empresa por atender algo macro da dor do cliente. É uma maneira de capitalizar sem investir alta demanda de tempo e dinheiro para o que o projeto saia do papel.

O que observamos nas empresas é a criação de uma maravilhosa ideia. Sem buscar validar no mercado, apenas seguindo a orientação de alguém importante na companhia que determinou aquilo.

Injetados alguns milhares de reais para desenvolver a ideia, na sequência desenvolver o *design* dos produtos, funcionalidades e depois lançar, esperando que essa novidade ganhe mercado.

Foi citado no livro que cliente não quer tecnologia, o cliente quer resolver um problema, resolver uma dor?

Quer exemplos?

Televisores 3D eram uma promessa que iriam revolucionar o modo de ver TV. Os produtores de TV esqueceram de combinar com os produtores de conteúdo. Por ser uma tecnologia muito cara para a produção de material, as TVs 3D morreram mais cedo do que se esperava.

BlueRay, outra novidade que caiu por terra. Enquanto os CDs não tinham mais capacidade de armazenar muito *gigabytes*, o *BlueRay* veio para armazenar até 90GB.

O que aconteceu? Em menos de uma década sumiu, pois com as empresas de *streaming* como *Netflix, Amazon, Microsoft, Playstation* migraram para conteúdo *online*.

Essas são apenas duas das mais famosas ocorrências das empresas que primeiro criam um produto sem saber como está o mercado, ou entender como o cliente observa essa inovação.

O MVP é criar um produto de baixo valor de investimento e que atenda a principal dor do cliente. Então o cliente pode até solicitar uma solução mirabolante, mas cabe à empresa usar até mesmo o pareto e definir que função é primordial para atender a demanda do cliente.

Na sequência que conseguir atender essa ideia, já será possível capitalizar e começar a faturar. Isso gera valor ao cliente e à empresa. Posteriormente poderá se preocupar com as demais funções do produto ou serviço

241

7 – Por fim.

Por finalizar quero descrever aqui sobre um vídeo de uma tecnologia inovadora fantástica e de um modo inovador fantástico de fazer negócio, chamado o Sorveteiro e o Robô.

A descrição é de um vídeo famoso na *internet*: de um lado temos um robô com um *design* de um rosto arredondado feliz, servindo sorvete às pessoas. O consumidor seleciona o sorvete numa tela, faz o pagamento e o robô começa a preparar.

Na minha cidade uma empresa fez esse mesmo experimento, colocou em meio ao *shopping* uma sorveteira automatizada como essa. Nos primeiros dias foi um sucesso. As pessoas faziam fila para consumir o produto.

Chegaram a achar que as bandeiras famosas, *McDonalds*, *Burger King*, sorveterias especializadas, iriam falir em semanas. O que aconteceu em semanas foi que as pessoas perderam o interesse, era fascinante, mas não era o que o cliente queria.

De outro lado temos um sorveteiro tradicional, com vários baldes de sorvete, que escolhe os sabores e ele faz malabarismo com o cone cheio de sorvete. Um sorvete saboroso, com preço justo e ainda vendendo uma experiência. O sorvete é apenas um resultado da experiência de venda de um produto sendo entregue de forma artística.

Outro exemplo que, a meu ver, errôneo, nesse caso, poderia ser citada a pasta de dentes famosa, que em 1970 tinha 4 pastas de dentes e em

2009 tinha 32 pastas de dentes diferentes. Isso não é inovar, isso é apenas novidade.

O cliente precisava ficar lendo as caixas para saber qual pasta de dente escolher. Essa empresa chegou ao absurdo de promover um *site* para ajudar o consumidor a definir qual pasta de dente escolher.

O cliente não vai acessar um *site* para determinar qual pasta de dente levar, ele irá para a que chamar mais atenção visual. Ou a que chamar mais atenção para atributo pessoal mais conveniente, seja preço, visual da caixa, ou benefícios explícitos na embalagem.

Vale lembrar que a repetição de negócios pode ser apenas manipulação, as pessoas podem comprar de uma empresa por questão de preço. Isso é apenas manipulação e as chances de sobrevivência são muito baixas. Sempre estará brigando num oceano vermelho, cheio de concorrentes que pensam da mesma maneira.

O inverso disso é a fidelidade, quando o cliente deixa de comprar da concorrência mesmo que preço esteja melhor ou até mesmo se o produto é melhor. Quando o cliente é fiel, ele mesmo irá mostrar o caminho para a empresa criar um produto ainda melhor.

É nisso em que as empresas devem estar focadas. Nem de toda tecnologia sobrevive no mercado. O contato humano, a personalização é o futuro de qualquer empreendimento.

Ao final fica evidente nesse livro que a conveniência e a inovação andam juntas. A empresa e/ou o profissional devem estar sempre buscando ser mais convenientes e mais inovadores, para serem destaque no mercado global de hoje.

E lembrar sempre de nosso mantra. Repita comigo:

> *O produto ou serviço certo.*
>
> *Na quantidade certa.*
>
> *No preço certo, que o cliente está disposto a pagar.*
>
> *E na hora certa.*

Repita de novo:

> *O produto ou serviço certo.*
>
> *Na quantidade certa.*
>
> *No preço certo, que o cliente está disposto a pagar.*
>
> *E na hora certa.*

Muito obrigado, por despender algumas horas para ler esse livro. Acredito que pode mudar a vida de algumas pessoas e também dar novas ideias tanto para o profissional como para a própria empresa.

#sejaacobaia.

Abraço

Rodrigo de Oliveira

www.ingramcontent.com/pod-product-compliance
Lightning Source LLC
Chambersburg PA
CBHW020638220526
45464CB00001B/193